U0656961

中国人民大学国学院国学与管理丛书

总主编 ◎ 黄朴民 杨先举

读贞观学管理

【张学信 ◎ 著】

东北财经大学出版社
Dongbei University of Finance & Economics Press
大连

图书在版编目（CIP）数据

读贞观 学管理／张学信著．—大连：东北财经大学出版社，2012.4
（中国人民大学国学院国学与管理丛书）
ISBN 978-7-5654-0747-5

Ⅰ．读… Ⅱ．张… Ⅲ．贞观政要-应用-管理学 Ⅳ．C93

中国版本图书馆 CIP 数据核字（2012）第 043859 号

东北财经大学出版社出版
（大连市黑石礁尖山街 217 号 邮政编码 116025）
教学支持：（0411）84710309
营销部：（0411）84710711
总编室：（0411）84710523
网 址：http：//www.dufep.cn
读者信箱：dufep@dufe.edu.cn

大连美跃彩色印刷有限公司印刷 东北财经大学出版社发行

幅面尺寸：170mm×240mm 字数：178 千字 印张：11 1/4 插页：1
2012 年 4 月第 1 版 2012 年 4 月第 1 次印刷

责任编辑：孙 平 魏 巍 责任校对：刘 洋 那 欣 毛 杰
封面设计：冀贵收 版式设计：钟福建

ISBN 978-7-5654-0747-5
定价：26.00 元

目　录

导　论

谁的梦，向天阙，冷月边关；

狼烟走，牧笛来，不见大漠荒原；

谁的爱，让天下，万方奏乐；

金银散，人心聚，还看绿水青山。

上下五千年，大梦无边；

梦回大唐可看见，遗留的诗篇；

纵横九万里，大爱无言；

一曲长歌可听见，拨动的和弦。

——电视连续剧《贞观长歌》主题曲歌词

1 关于"贞观"

　　在中华民族的历史上，贞观一朝一直是让华夏后裔无比自豪的年代，许多人甚至以为那是中国历史上最强盛的时期。其实，这种"贞观印象"严格说来并不准确，我们有必要对"贞观"多做几句解释与说明。

　　"贞观"是个年号，是我国唐代唐太宗李世民统治时期的年号。唐高祖武德九年（公元 626 年）六月，李世民被迫发动玄武门之变，取得政权；八月，唐高祖李渊让位，李世民当了唐朝的第二位皇帝；第二年（627 年）改年号为"贞观"。《周易》乾卦的象辞中说："贞，正也。"在解释天道就是适合万物、永恒不变的自然法则时，解释"贞"意为正固，守正无偏为正，永恒不变为固。唐太宗继承皇帝位，是经过玄武门之变得来的，这是"逆取"，并非"正统"，但唐太宗誓做一个光明正大的皇帝，并要其江山永固，所以将年号改为"贞观"，即要建立一个公正的社会。贞观二十三年（649年），唐太宗病逝，贞观年号结止。前后共23年，这段历史被称为"贞观时期"。

"贞观"代表一代治世。唐太宗李世民是中国历史上一位有才能有作为的皇帝。他辅佐父亲李渊，反隋兴唐，统一了天下。鉴于隋朝覆灭的教训，李世民执政后，由尚武转为崇文，坚持"偃武修文，以静治国"的方略，轻徭薄赋，劝课农桑，任贤除暴，廉洁奉公，形成了一套治国安邦的开明政策，使得唐朝经济发展，国家安定，政风清明，出现了"商旅野次，无复盗贼，囹圄（监狱）常空，马牛布野"这样繁荣安定的社会局面，史称"贞观之治"。

"贞观之治"是大唐盛世的基础与开端。李世民治下的23年，就国力而言，还远未达到整个唐代的巅峰，许多经济指标还远不及隋朝的前期。李世民之后，又经过了高宗（李治）、武后（武则天），以及玄宗（李隆基）等几位高明的执政者的努力，最终使唐帝国的物质文明和精神文明在开元年间（713年）进步到一个举世景仰的水平，这也是大唐盛世的鼎盛时期。李世民的历史功绩在于，建立了贞观的制度，创造了贞观的政治文明，这在封建时代的中国是前无古人的。李世民统治时期，政治开明，政风清廉，法治公正，君臣关系、官民关系比较融洽，民族之间和睦相处，为唐朝经济和文化的发展打下了基础。贞观时期的开明政治和法制精神被后来的统治者和史学家所盛赞与推崇。

2 关于《贞观政要》

《贞观政要》是唐朝史官吴兢（670—749 年）编撰的政论性专史，是一部对"贞观之治"的历史经验进行系统总结和全面阐述的著名史书。

唐太宗李世民在位 23 年，用他自己临终前的话说："朕这个皇帝当政的时候就只做了三件事：一是打败了颉利，解除了百年之患；二是偃武修文，让这个国家走出了战争；三是为贞观以后的大唐百姓挑选了一位贤明的君主，以便把贞观的治世方略继续保持下去，创出一个更加辉煌的盛世来。这样，朕才能含笑九泉。"

《贞观政要》集录了唐太宗君臣关于治国、治军、治吏、育人、自律等言论，是一部总结唐太宗的治国思想与施政经验的政治专著。

吴兢在呈送给唐玄宗的《贞观政要》序中说：

"太宗时政化，良足可观，振古而来，未之有也。至于垂世立教之美，典谟谏奏之词，可以弘阐大猷，增崇至道者，爰命不才，备加甄录，体制大略，咸发成规。于是缀集所闻，参详旧史，撮其指要，举其宏纲，词兼质文，义在惩劝，人伦之纪备矣，军国之政存焉。凡一帙一十卷，合四十篇，名曰《贞观政要》。庶乎有国有家者克遵前轨，择善而从，则可久之业益彰矣，可大之功尤著矣，岂必假祖述尧舜、宪章文武而已哉！"

可见，史家吴兢辑录唐太宗与各位名臣议政言论的目的在于"惩劝"，规劝有国有家者，尤其是规劝当政的唐玄宗李隆基，注意改善群臣不敢诤谏的局面，效法唐太宗开明纳谏，"克遵前轨，择善而从"，这样"可久之业益彰矣，可大之功尤著矣"。

《贞观政要》的主要内容是唐太宗的治国思想与经验分类，共十卷：

第一卷，论君道；论政体。

第二卷，论任贤；论求谏；论纳谏。

第三卷，君臣鉴戒；论择官；论封建。

第四卷，太子诸王定分；尊敬师傅；教诫太子诸王；规谏太子。

第五卷，论仁义；论忠义；论孝友；论公平；论诚信。

第六卷，论俭约；论谦让；论仁恻；慎所好；慎言语；杜谗邪；论悔过；论奢纵；论贪鄙。

第七卷，崇儒学；论文史；论礼乐。

第八卷，论务农；论刑法；论赦令；论贡赋；辨兴亡。

第九卷，论征伐；论安边。

第十卷，论行幸；论畋猎；论灾祥；论慎终。

《贞观政要》与管理。

《贞观政要》是一部政论性的专著，自然也是一部关于管理经验方面的好书。从上述各卷的目录可见，唐太宗的**治国思想**，包括为君之道，从政之道，择官任贤之道，用人纳谏之道；坚持德治与法治，坚持务农、薄赋、为民等原则；提倡俭约，反对奢腐；提倡慎言，杜绝谗邪，整肃政风；尊崇儒学，讲究文史，关注兴亡，奖励耕战等，并形成了一套完整的、开明的政治制度。因此，唐以后的封建帝王将《贞观政要》也称为《帝王学》，并不断加以推崇与传扬。

全书十卷四十篇，**多以故事、轶闻为引子，就事论理**，生动有趣，概括集中，记叙评价，清晰明了。书中的哲理、教义、格言、名句，俱被反复研讨，广泛引用，所以此书成了"朝野上下必备"，以及"入世为人必读"的教科书。

吴兢在唐从事修史工作长达 40 年。武则天在位时，他就以"有吏才"而入史馆修国史。唐玄宗执政时，他多次上书玄宗，主张朝廷行政要按规章制度行事，认为"上至天子，下至卿士，守其职分，而不可辄有侵越也"。开元十七年（729 年），吴兢向唐玄宗上《上贞观政要表》，当时并没有得到唐玄宗的重视，反而认为他"书事不当"而被贬官为荆州司马，后在天宝初（742 年）才得以还朝。吴兢在晚年还执著于修史，使《贞观政要》得以留传。

直到文宗（李昂）践位（826 年），文宗"始喜读而笃行之"，从而使《贞观政要》成了皇帝的必修课。文宗时期的唐朝，因安史之乱国势走向衰落，朝内开始重视《贞观政要》，主张"以法文皇（唐太宗）"。此时，史官吴兢已经离开人世 76 年了，他的这部著作从上疏时算起已经 100 年了，但因文宗的"笃行"而依然对唐朝的治理产生了重要影响:"太和初(827年),政灿然可观,虽未能如贞观之治,亦可谓能法其祖武者矣。自是以来,其书盛行于世。"(见吴郡卢遂良重刻《贞观政要》序)这说明《贞观政要》的管理思想通过结合实际"笃行"之,对希望唐朝中兴的文宗治国已经发挥了作用。

相传,《贞观政要》于公元9世纪传入日本,曾为天子必读之书。后来,《贞观政要》也成为亚洲国家首脑的统治艺术教科书。据说第14任韩国总统金泳三,就常把《贞观政要》带在身边。金泳三提出的合并某些行政机构,建设"小政府"的主张,就是来自《贞观政要》的思想启发。

《贞观政要》所包含的内容十分广泛,是一部总结封建统治者治国安邦之术的集大成之作,书中反映的**"治天下者,以人为本"**(吴兢语),以及李世民"为君之道,必须先存百姓"和"屈己而纳谏,任贤而使能,恭俭而节用,宽厚而爱民"的明君思想,也为企业经营管理者所喜爱。《贞观政要》的思想一直到今天,对于政界与工商界的领导者而言,依然产生着影响。

3 关于电视剧《贞观长歌》与《贞观之治》

在弘扬中华文化、期盼中华民族伟大复兴的浪潮中,相继出现了一批描写大唐"贞观之治"的文艺作品,将《贞观政要》的思想、历史故事,以艺术的形式搬上了舞台,为我们研究唐太宗治国的历史经验做出了形象的解读。近年来，深受人们喜欢的作品主要有电视连续剧《贞观之治》《贞观长歌》等。

电视连续剧《贞观之治》根据《资治通鉴》和《全唐书》的史料记载，再现了"初唐盛世"，描述了李世民得天下之后听取诤谏、偃武修文、文治天下的举措，为我们展示了君主明智、政治开明、民族和睦的"贞观时代"。李世民所制定的唐律，在很大程度上影响了此后一千多年的中国历史，并成为治国范律。

电视连续剧《贞观长歌》是从大国崛起的角度，重现了贞观盛世，展现了唐太宗君臣在困境中奋发崛起，历经国难，最终征服敌人，实现民族大团结，从而把唐朝带向盛世强国的过程。电视连续剧《贞观长歌》更突出的是贞观时期的政治文明。这一时期政风清明，政府精简高效，法制精神得到普及，君臣、官民和谐，这些都为后来的封建统治者和历史学家所推崇。

这些小说或剧作依据史书等历史资料，以文艺形象和典型故事诠释了李世民在《贞观政要》中所阐述的治国思想，对于研究《贞观政要》，研究"贞观之治"的管理智慧，有重要的参考价值。用现代人的眼光去审视过去，"读史以明鉴"，借古喻今，必将激励今人为重振中华雄风而努力。通过学习历史，人们可以看清现实的挑战，预测发展的未来。

小说或剧作对李世民这一明君的污点并没有掩饰。在这个圣明君主的身上，有一块永远都洗刷不掉的污点，那就是他早年在玄武门之变中弑兄杀弟的举动。这个阴影确实伴随了李世民一生。李世民晚年的时候，当年他和兄弟之间的权力争斗，在他的几个儿子中间重新上演，这是李世民最不愿意看到的一幕，也是封建帝制本身所无法摆脱的困扰，更是封建帝王本身无力破解的难题。

李世民的高明之处在于，他能够将国家天下的大局放在第一位。他深知一个治世来之不易，是经过了多少人出生入死的抗争，经过了多少年励精图治的艰辛而得来，如果没有一个大智大德的继承人，一朝易帜，这一切都将化为灰烬。所以他费尽苦心，折中忍耐，终于选择了一个可以把贞观道路延续下去的储君。李世民的痛苦抉择揭示了盛世如何可持续发展的关键问题在于选好接班人这一历史性的挑战。谁能说这一挑战在距离"贞观"1 300多年后的今天，无论是对国家，还是对企业，没有现实的意义呢？制度重要，接班人同样重要，制度毕竟是要靠人来执行与贯彻的。

4 关于本书

本书所说的"读贞观"，主要是阅读研究唐代贞观时期的历史，包括《贞观政要》所总结的治国经验；

所说的"学管理"，主要是学习李世民在贞观年间的治国方略和经验教训，体会实现由乱到治，创建一个经济繁荣、社会安定、国家富强的盛世的艰难；吸取古人"修身、齐家、治国、平天下"的管理经验。

在这个崭新的时代，为实现中华民族伟大复兴的理想，我们应以古鉴今，为现实服务。

我们读贞观，既是读贞观的历史，也是读《贞观政要》这部论著。以唐朝史官吴兢所著的《贞观政要》为主线，依据《旧唐书》《新唐书》，以及司马光的《资治通鉴》、范文澜的《中国通史·隋唐卷》等政论史著，吸收文艺作品《贞观之治》《贞观长歌》等记叙的历史故事，本着尊重历史、古为今用的原则，将政论史著与历史故事相结合，探讨历史上中华盛世创建过程中的矛盾冲突、经验教训，力求达到孔子所说的"温故而知新"。

本书共分为以下几个篇章：

第一，明君篇。"贞观之治"也是明君之治。本篇主要论述"贞观盛世"的特点，以及唐太宗李世民的历史功绩；讨论李世民的"民可载舟，亦可覆舟""以人为鉴，以史为鉴""居安思危，善始慎终"的治国思想。

第二，仁政篇。"贞观之治"也是仁政之治。本篇主要讨论贞观时期崇儒效贤、行仁政的治国之道；讨论李世民的"先存百姓，行尧舜之道""国以人为本，人以食为天""坚持法制，守法慎刑，注重公平"的思想，以及崇尚教化，促进民族融合的政策等。

　　第三，任贤篇。"贞观之治"也是任贤之治。本篇主要讨论李世民的"致安之本，惟在得人""君臣互信，防腐禁奸""起用寒门，驱邪扶正""恩威并济，先贬后用"的御才之术等。

　　第四，纳谏篇。"贞观之治"也是开明之治。本篇主要讨论贞观时期李世民"变革图新""求谏纳谏"的开明政风；讨论李世民的"君臣切磋，以成治道""君臣相遇，有如鱼水""自省思过，改进政务""戒慎为先，居安思危"的思想。

　　第五，强兵篇。"贞观之治"也是强兵之治。本篇主要讨论李世民的"国无兵不立""兵不在多而在精"的治军思想；"虚实并用，奇正相生"的战略战术；"寓兵于民，耕战结合"的全民备战体制；"健全制度，善待功臣"的爱兵传统等。

　　本书集萃贞观时期唐太宗李世民及其贤臣勇将的典型论述及经典故事，从中探析其所蕴含的管理哲理，体悟其对现代管理和企业经营的借鉴价值。

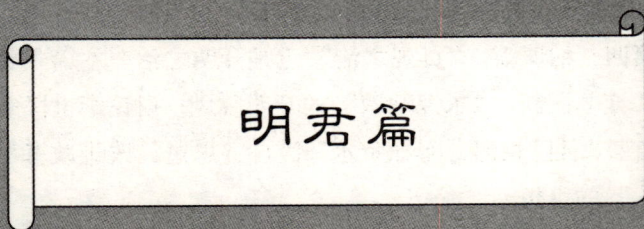

明君篇

慨然抚长剑，济世岂邀名。星旌纷电举，日羽肃天行。

遍野屯万骑，临原驻五营。登山麾武节，背水纵神兵。

在昔戎戈动，今来宙宇平。

——李世民《还陕述怀》

帝范书笺警后昆，自评功过盖前人。

一从玄武发兵变，彰显贞观治世魂。

诗咏君王开国史，兴衰成败演评词。

前车之鉴后人律，不坐江山也应识。

——摘自《咏历代开国君王》

　　"贞观"，不论是"贞观年代"，还是《贞观政要》，其主人公都是唐太宗李世民。李世民是一位被人称道的开明皇帝，一代明君；其所实行的统治称为"贞观之治"，或称为"明君之治"。借鉴于今天，不论对国家，还是对企业，"明君"即对开明的领导者，开明的企业家的称谓。开创一个清明的盛世，离不开一位开明的领袖。

① 何为"盛世"

　　"盛世"，太平、兴盛的时代之称谓。"贞观"时代是唐朝由弱到强，逐步兴盛起来的年代。

"贞观"出现盛世，其表现主要有三点：

第一，经济发展，国力强盛。 李世民顶着北方部落不断侵扰和中原连年自然灾害的巨大压力，把一个国家从饿殍遍野的境地中拯救出来。在八九年的时间里，他解除了边患，扫平了内乱，使经济发展、百姓足食、社会安定，使国家呈现出欣欣向荣的景象。

第二，政治清明，以人为本。 贞观时期从国力上看还算不上多大的盛世，但绝对是堪称一代典范的治世，主要表现为国家政治清明、社会秩序安定、民众安居乐业，最起码也是无边患无内乱，国家强盛。在贞观年间，李世民"怀柔远人"，平复四夷，安定八方，结束了多年与外族征战的历史，因此其被尊为"天可汗"。他坚持以文治国，取信于民；诚恳纳谏，举贤任能；调整民生政策，修订各项律法，改善民族关系。通过一系列的改革，大唐形成了一套先进而开明的制度；同时调动了社会各种潜力，形成了君贤臣忠、上下和谐、海内一统、天下归心的政治局面，大唐帝国空前繁荣。

第三，开放创新的精神。 "贞观"的特点是：**创新、开放、和谐**，形成了一个时代精神。李世民亲历了隋朝的衰败过程，他成为皇帝以后，时刻以隋朝为镜。隋炀帝是一位集全部权力于一身的皇帝，由于他横征暴敛，得罪了民众，在隋末农民大起义面前，终难逃亡国杀身的下场。所以，唐太宗以史为镜，时刻检点自身，不耻下问，知错能改，精心治国。一部《贞观政要》，既是君臣探讨治国之道的记录，也是明君居安思危、自律修身的记录。李世民把"民惟邦本"的儒家观念付诸实施，提出"为君之道，必须先存百姓"和"若安天下，必须先正其身"的主张，这是封建帝王治国思想的创新，贞观的改革政策和贞观的盛世也因此而产生。所谓开放，表现在汉族与少数民族天下一家。李世民本身是汉人，又带有鲜卑的血统，民族政策开放通达，促成了民族之间的和睦共处；各国之间开展通商贸易，互通有无，使经济文化得到了发展；同时周边各国派留学生到长安求学，唐朝成为当时世界经济文化交流的中心。这一切均被世界各国所景仰。

《贞观政要》记录了唐太宗李世民的民本思想和开放思维，这是"贞观之治"的灵魂。

贞观初年，唐太宗对朝臣们说："为君之道，必须先存百姓，若损百姓以奉其身，犹割股以啖腹，腹饱而身毙。若安天下，必须先正其身。"这是《贞观政要》开篇"论君道"中的话。意思是："要天下安定，人君必须善待百姓。如果刻薄民众来奉养人君，就好比割身上的肉来充腹，腹虽饱了人也毙命了。"这说明人君的灾祸，不是从外而来，而是由自己造成的。李世民采纳了魏征等大臣的谏言，一改"武力征伐打天下"的传统，定出"偃武修文"的方针，改善政治，以文治天下，终于使四夷自服，百姓安宁。

《贞观政要》的最末篇是"论慎终"，主要论述的是居安思危，善始慎终。贞观五年，唐太宗对侍臣说："当今远夷率服，百谷丰稔，盗贼不作，内外宁静。此非朕一人之力，实由公等共相匡辅。然安不忘危，治不忘乱，虽知今日无事，亦须思其终始。常得如此，始是可贵也。"贞观十六年，唐太宗问魏征："朕所以常怀忧惧，或恐抚养生民，不得其所；或恐心生骄逸，喜怒过度，然不自知，卿可为朕言之，当以为楷则。"魏征回答说："陛下圣德玄远，居安思危，伏愿陛下常能自制，以保克终之美，则万代永赖。"这是《贞观政要》全篇的终结。

贞观时期，唐太宗李世民始终坚持以民为本的治国思想。晚年立李治为太子之后，他更以此对其继承人随事训诲。如见太子吃饭，则说："你知道耕种的艰难，你就常常有饭吃。"如见乘船，则说："水可以载舟，也可以覆舟。民众好比水，人君好比舟。"一个封建皇帝，能够认识到要巩固自己的统治就必须依靠民众，是非常难得的。这正是他取得"贞观之治"的根本原因，也是他被称为明君的根本原因。

② 力挽狂澜，民信而立国

在封建制度下，皇帝或君主的位置，有的是靠世袭而得到的，有的则是靠机运而获得的。但不管如何获得，作为皇帝或君主的权威，都是凭皇帝或君主的能力和作为而树立的。意大利政治家马基雅维利（Machiavelli）在其所著的《君主论》中曾直言不讳地说："任何有作为的、明智的领导人，都是凭借自身的力量与才智而取得新领地的；历史上的成功者，即使是凭借机会使其成为幸运的人，也是由于他们具备了高超的个人能力和十足的勇气，从而使他们能够识别机会，并利用这些机会使他们的国家得到荣誉，焕发生机。因此，我们对这些成功者所能下的结论即是**才能与机会的相加等于成功**。"他还说："这已成为一种规律。"① 马基雅维利的概括，虽然是在盛唐的 800 年之后，但是唐太宗的成功也是被包括其中的。

玄武门之变。

认识唐太宗，认识他的才能与机遇，还得从震惊中外的玄武门之变说起。

在隋末农民起义的动荡中，太原留守李渊和他的儿子李世民等也乘机起兵反隋，逐渐壮大了自己的力量，最后李渊平定了各地的起义军，建立了唐朝。在唐朝建立的过程中，秦王李世民能征善战，功劳最大。太子李建成也打过许多胜仗，但没有李世民的功劳多。由于李建成是太子，有皇亲国戚的拥戴，再加上齐王李元吉的支持，其实力与李世民势均力敌。

李建成感到秦王李世民对他的太子地位有威胁，就设法削弱李世民的势力。李建成挑拨皇帝李渊疏远李世民，从秦府收去了秦王调兵的虎符。李建成还和李元吉，以及皇帝李渊的两个妃子（尹妃和张妃）相勾结，欲暗害李世民。在围场打猎中，他们让李世民骑上一匹难于驯服的烈马；害之未成，又于药酒中下毒，使李世民几乎中毒吐血而死；还用金银收买秦王府的武将，调离秦王府的心腹谋士，最终使矛盾发展到兵戎相见的地步。

① ［意］马基雅维利：《君主论》，张亚勇译，31～34 页，北京，北京出版社，2007。

14 — 明君篇

正在这时，突厥入侵，唐高祖历来靠李世民对付突厥。这次李建成则推荐李元吉代替李世民出征，使李元吉获取了兵符；李元吉又请求将秦王府的精锐战将调归他来指挥，皇帝李渊都一一同意了。最后，李建成密定在六月初五大军出发那天，埋伏壮士于昆明池的饯行宴会上，刺杀李世民。谋划已定，李建成自以为得意，不料信息被杜如晦早先安插在东宫的眼线得知，传到了李世民那里。李世民急忙找来长孙无忌、尉迟敬德、房玄龄等人商量对策，大家主张立即动手，先发制人。李世民终于冲破了伦理孝道的羁绊，当机立断，举事图存。

武德九年（626年）六月的一天，李世民黉夜独自进宫叩见李渊，向其密奏李建成和李元吉与后宫尹妃和张妃淫乱之事。尹妃和张妃是李渊至爱的两个妃嫔。李渊听后当即雷霆震怒，表示要亲自审问，并传旨让李建成、李元吉次日进宫面圣，地点在太液池的一艘画舫上，以示父子赏园同游。当夜，李世民调兵遣将，先收买了玄武门守将李建成的心腹常何，把住了玄武门。第二天一早，李建成、李元吉两人骑马进入玄武门，走到临湖殿，发现情况异常，急忙拨马往回跑。李世民带兵喊杀而来，一箭射死李建成；李元吉向李世民连射三箭未中，钻进树林与李世民厮打，危急中尉迟敬德骑马赶到，一箭将李元吉射死。这时，玄武门外人喊马嘶，东宫和齐王府的人马开始攻打玄武门，又要去攻打秦王府，情况十分紧急。尉迟敬德急中生智，提着李建成、李元吉的头颅赶来，大喊道："奉圣旨讨伐二贼，你们看，这就是他们的人头，你们还为谁卖命？"东宫和齐王府的官员见到此景，皆一哄而散了。

三兄弟火拼的时候，皇帝李渊正带着大臣、妃子在太液池中乘船游玩，忽见全副披挂的尉迟敬德按剑赶来，报告："太子、齐王叛乱，秦王恐怕惊动陛下，特派臣来护驾。"李渊大吃一惊，忙问："太子、齐王现在何处？"尉迟敬德说："已经被秦王杀死了。"左右大臣听到太子、齐王已死，只好做顺水人情说："秦王功德盖天，深得人心，理该立为太子。"李渊也只好说："我本来也是这样想的。"尉迟敬德忙说："请陛下降旨，命令所有禁军听从秦王李世民调遣。"李渊立刻派人传旨，结束了这场政变。

三天后，李渊宣布立秦王李世民为太子，国家大事一律由太子处理。同年八月，李渊被迫让位，自称太上皇。李世民当了皇帝，这就是唐太宗。第二年，改年号为"贞观"。历史上把这次政变叫做"玄武门之变"。

"玄武门之变"，秦王李世民弑兄杀弟而夺得王位，这一直是李世民的一个污点。在封建帝制下，王储之争，你死我活，获取国家政权的手段与遵守道德的愿望无法统一。《君主论》说得十分直白："贤明的君主对于残酷这个恶名不应有所介意，为保君位不择手段，无所不用其极。君主必须是一只狐狸，以便认识陷阱；同时又必须是一头狮子，以便使豺狼惊骇。"马基雅维利认为："时代需要这种领袖，并且这样一个人将不得不采取这种策略来达到他的目的。国家与道德毫不相关，政治和伦理应该彼此分离。"封建帝王的这种统治权术，善良的人们是无法接受的。但在你死我活的政治斗争中，这确实是无法回避的事实。我们在看到封建帝王贤明的一面时，也不能不看到他在权力面前无情与严酷的一面。

　　李世民不愧是一个开明的君主，他不否认他是在不得已的情况下，采取极端的手段，用逆取的方式取得了政权；但他更大的目标在于挽救这个国家。他时时不忘克制个人欲望，一切以国家利益为重，用实际行动来证明，他并没有对不起靠弑兄杀弟夺取来的皇位。

　　民信而立国。

　　贞观之初，唐太宗确立了以争取民心为上的王道路线来治理国家。连年的战争，使国家的人口大量减少。史载，隋朝人口有 800 万。而贞观之初，唐朝的人口不过 300 万。除了旧有的矛盾依然存在之外，最严重的问题是国家穷，天下穷。为增加劳力，减轻百姓负担，唐太宗采取了和解政策，由近及远，以德化民。

　　·立刻宣布停止宗教改革。李渊曾经宣布淘汰僧人、和尚，令其还俗，涉及佛教、道教的和尚、僧尼几十万人。佛教、道教是全国性的组织，李世民宣布停止宗教改革这一政策，使社会舆论拥护贞观政权。

　　·放走禁苑中所养的鹰犬，并命各地停止进献珍奇之物；崇尚简约严肃，使贞观政权与李渊政权划清了界限，天下人非常高兴。

　　·命令百官各上密封的奏章，细述安民治国的要旨；让政府官员谏言献策，得到政府官员的拥护。

　　·释放宫女三千人，一可节约皇宫的开支；二可增加劳动人口；三可顺了人性，使他们结婚生子，过正常人的生活。

　　·削减封王。武德年间封王最多，皇室成员封王，功臣宿将封王，这不仅增加了财政负担，而且不能示天下以公正。李世民决定削减封王，对无战功的降至县公，改革从皇室自家门前做起。

·精兵简政。压缩中央机构，合并地方郡县。例如，撤销幽州大都督府；废除陕东道大行台，设洛州都督府；废除益州道行台，设益州大都督府等。政府官员只余600多人，节约了政府开支，减轻了人民负担。

·大赦天下罪人，将武德元年以来被流放到边远地区的人全部放回；减轻税负，藏富于民，天下免除徭役一年半；各州、县建立义仓，作为救灾的专用粮库，这似乎是最早的社会保障机制。

·文武官员五品以上者原先无爵的赐给最低一等爵；六品以下各加勋官一级。

·坚持和解政策。安定内部最重要的政策是正确安置前太子李建成的部下。原东宫的人，以前的是非，一切不问。例如，原东宫武将冯立继续当将军；大将薛万彻官复原职，并令其娶了丹阳公主，唐太宗亲授予御刀，封为正三品大将军；收服原东宫的旧人，成为新政权的骨干。

·按礼制厚葬前太子，追封李建成为息王；礼葬前齐王，追封李元吉为海陵王。按亲王礼葬，请东宫和齐王府的人参加葬礼，以安天下百姓之心。

一系列的新政策，言而有信，说到做到，使人们耳目一新；由近及远，有针对性、有重点地解决遗留问题，缓解各种矛盾，使人们看到了新政权的新气象，为贞观之治打下了基础。

贞观之初，李世民面对的问题，一是治国方略的问题；二是东突厥的铁骑突袭长安；三是庐江王李瑗等李建成余党妄图东山再起。李世民在群臣的支持下，最终将这些问题一一化解，创造了贞观由乱到治的政治局面。我们将在后面的"仁政篇"和"强兵篇"分别加以讨论。

3 以史为鉴，可以知兴替

在《贞观政要》中，李世民有一句名言："夫以铜为镜，可以正衣冠；以古为镜，可以知兴替；以人为镜，可以明得失。朕常保此三镜，以防己过。"这是唐太宗治国修身的切身体验。我们准备分两个题目——"以史为鉴"和"以人为镜"进行讨论，本节讨论"以史为鉴"的问题。

《贞观政要》中，记录了唐太宗先后与45位大臣讨论了治国安邦等重大问题。其中许多重要的意见和决策，是依据历史教训，特别是秦、汉、隋兴衰的经验教训提出的，这对于制定治国的路线和政策具有重要意义。

人类的认识规律告诉我们，事物的正确与错误，真善美与假恶丑，永远是相比较而存在，相斗争而发展的。毛泽东说："这是真理发展的规律，当然也是马克思主义发展的规律。"[1] 李世民的高明之处就在于，他能够联系实际，以史为鉴，在历史与现实的比较中，在君与臣的交流争辩中，择善而从。

唐太宗君臣"以史为鉴"，主要关注的是"为君之道"，即帝王与百姓的关系，以确定治国方略；其次是处理君臣关系和官民关系，探讨明君执政的方法，制定国家长治久安的制度、体制。这关系着国家的兴衰和政权的成败。

唐太宗以史为鉴，最直接的借鉴就是隋朝，尤其是隋炀帝。

在中国古代历史中，短命的王朝主要有两个：一个是秦朝；另一个是隋朝。公元前221年秦始皇统一六国，建立了统一的中央集权的国家；秦二世胡亥在位时，其横征暴敛，天下溃叛，最终导致秦朝（公元前206年）灭亡。秦朝历经两代，共15年。隋朝在中国历史上，也是一个由分裂走向统一的朝代。隋文帝杨坚结束了多年的战乱，统一了全国，于公元581年建立隋朝；第二代皇帝隋炀帝，实行暴政，穷奢极欲，荒淫无度，终于激起民

---

①毛泽东：《关于正确处理人民内部矛盾的问题》，见《毛泽东著作选读》，北京，人民出版社，1986。

变，于 618 年被叛官杀死，隋朝也随之灭亡。隋朝前后经历了两代，共 38 年，其中隋炀帝执政 14 年。

隋朝是垮在隋炀帝手里的。隋炀帝杨广，为了获得皇位，先是用阴谋手段使隋文帝杨坚废了太子杨勇，让自己坐上太子的宝座；当杨广的阴谋被隋文帝发现而败露时，杨广只好弑父杀兄，夺取了王位。结果他却断送了大隋江山。

李世民经过玄武门之变，不得已而弑兄杀弟，夺取了王位，尽管原因和情况与隋炀帝不同，但在形式上却与隋炀帝的登基有相似之处，这一直成为唐太宗的一块心病。

玄武门之变后，有人避而不谈，有人讳莫如深，有人居功自傲等等。李世民这样对他的大臣们说："我有一句话，憋了很久，今天必须说出来。玄武门的事过去这么多年了，我不愿说，你们不敢说，于是好像从没发生过这件事一样。但是，**我没有一天忘记过这件事，那一幕一遍又一遍地在我梦里出现……这没什么对和错，我做了什么永远都抹不掉。**"人贵有自知之明，有敬畏之心，记住自己的污点不容易，坦然承认并时常引以为戒更不容易。这就是李世民。

李世民登基后，将年号由"武德"改为"贞观"，就是其心境的表露。《易经》中有"颐卦"，即"贞吉，观颐"。其意隐含着坚守正道，颐养万民，必然吉祥。绝不做断送江山的暴君隋炀帝，绝不能重蹈隋朝灭亡的覆辙；要做开创盛世的圣明君主，要让大唐长治久安，要让百姓富足安康。这种君臣共同的历史责任感，促成唐太宗君臣励精图治，革旧创新，最终创建了超越前人、海内和睦的盛世。李世民以史为鉴是贯彻始终的，最核心的就是慎重地对待百姓，主要有三个方面：

"为君之道，必须先存百姓。"

李世民作为一个以天命自居的封建帝王，在"以史为鉴"的深思中，认识到庶民百姓的力量，重视了百姓的作用，并从此出发，确立了治理国家的政策方略。

贞观初年，唐太宗对侍臣说："自己不敢放纵嗜欲，追求享受，必须先考虑百姓的疾苦。"他说："为君之道，必须先存百姓。"其理由是：如果损害了百姓利益而只顾奉养自身，就好像割下自己大腿上的肉来填塞肚子，肚子虽然饱了，人却死了。他又说："欲安天下，必须先正其身。"若私欲过重，损伤自身，既有害于国家，又侵扰百姓，发展下去，就会使万民离心，怨恨丛生，叛逆之举必然出现，所以"朕每思此，不敢纵逸"。这是唐太宗从隋炀帝的教训中总结出来的。

唐太宗在《帝范》中说："夫人者国之先，国者君之体。"意思是说，没有百姓，就没有社稷国家；没有国家，自然就没有君主的存在。君主必须"以德和民"。"非威德无以致远，非慈厚无以怀人"，因此"抚九族以仁，接大臣以礼。奉先思孝，处位思恭。倾己勤劳，以行德义。此乃君之体也"。

"君，舟也；人，水也；水可载舟，亦能覆舟。"这是对待百姓的态度，也是明君施政、修身的首要问题。

"怎样做一个明君？"

"何谓为明君、暗君？"这是李世民向侍臣们提出的问题。"暗君"就是昏君。划清明君与暗君的界限，以史为鉴，誓为明君，这是唐太宗李世民时刻警示自己的问题。魏征说："君之所以明者，兼听也；其所以暗者，偏信也。"通俗地说，国君之所以圣明，是因为他能够广泛地听取不同意见；国君之所以昏庸，是因为他偏听偏信。魏征引用《诗经》说："先民有言，询于刍荛。""刍荛"指割草打柴的人。意思是古人断事，连割草砍柴的人的意见都要征求。相传，古代尧、舜之时，广开四方之门，招纳天下贤德之士；广开耳目，听取各种意见；所以他们断事圣明，虽有共工、鲧这样的小人，但这些小人的恭维、奸诈永远都不会得逞。秦二世胡亥就不是这样，他住在深宫，与朝臣隔离，疏远百姓，只偏信宦官赵高的话，直到天下大乱，百姓已经背叛，他还不知道。隋炀帝杨广偏信虞世基的话，各地起义军已经攻城略地，他也不知道。所以国君要遇事明断，就要广泛听取不同的意见，采纳臣下的建议，了解真正的下情，而不为某些大臣显贵所蒙蔽。魏征的这些意见，唐太宗很是赞赏，他力求创造宽松的议事氛围，鼓励众臣讲真话，敢提反对意见，减少了许多失误。

三国时候的诸葛亮在论述为政之道时，很重视"纳言"与"视听"的问题。他说："人君以多见为智，多闻为神。"他还说："人君拒谏，则忠臣不敢进其谋，而邪臣专行其政，此为国之害也。"① 看来国君圣明还是昏暗，与君主的见识及行事作风有重要关系。

"帝王之业，草创与守成孰难?"

贞观十年，唐太宗向侍臣提出了"创业难还是守业难"的问题，让大家讨论。宰相房玄龄说："天地草昧（指草创），群雄竞起，攻破乃降，战胜乃克。由此言之，草创为难。"魏征说："帝王之起，必承衰乱。"这时推翻混乱的旧主，百姓乐于拥戴，"四海归命，天授人与，乃不为难"。然而得天下后，骄傲放纵，"百姓欲静而徭役不休，百姓凋残而务役不息，国之衰弊，恒由此起。以斯而言，守成则难。"唐太宗理解他们二人的见解，说："玄龄昔从我定天下，备尝艰苦，出万死而遇一生，所以见草创之难也。魏征与我安天下，虑生骄逸之端，必践危亡之地，所以见守成之难也。**今草创之难，既已往矣，守成之难者，当思与公等慎之。**"通过讨论，君臣达成共识：现在守成更难，我们君臣一道，要慎之又慎才是。慎在何处？"虑生骄逸之端"，其表现是不考虑百姓的疾苦，结果将因脱离百姓而危害国家。

贞观十九年，唐太宗对侍臣说："**朕观古来帝王，骄矜而取败者，不可胜数。**"不必远说古代，就说晋武帝司马炎于公元 280 年平定吴国，隋文帝杨坚于公元 589 年攻灭陈朝以后，都是由于"心愈骄奢，自矜诸己，臣下不复敢言，政道因兹弛紊"，最后导致衰败。唐太宗回顾了本朝的发展，说："朕自平定突厥、破高句丽以后，兼并铁勒，席卷沙漠，以为州县，开拓疆土，夷狄远服，声教益广。"他强调说："朕恐怀骄矜，恒自仰折，日旰而食，坐以待晨。每思臣下有谠言直谏，可以施于政者，当拭目以师友待之。"他希望使时局康宁，百姓平安。

魏征也多次以隋朝的兴亡典故向唐太宗直谏，唐太宗则亲自写诏书回答魏征说：你所陈述的意见，使我知道了自己的过失。我将它放在几案上，随时警戒自己。希望你不怕冒犯，要毫不隐讳地直言得失，我会恭敬地等待你的善言。魏征生前先后上疏两百多条意见，李世民大多都认真采纳了。

---

① 诸葛亮：《便宜十六策》，刘炯解译，北京，中国人民大学出版社，2007。

4 以人为镜，可以明得失

　　"以人为镜"，就是唐太宗李世民将大臣的谏言作为"明治国得失"和"以防己过"的一面明镜。被视为明镜的"人"，首先就是谏议大夫魏征。贞观十七年，魏征因病去世。唐太宗说："今魏征殂逝，遂亡一镜矣。"唐太宗将忠臣魏征比喻为能使自己防止过失的一面明镜。后来唐太宗下诏说："自斯已（以）后，各悉乃诚，若有是非，直言无隐。"意思是说，从今以后，大家都要竭尽忠诚，如我有对或不对的言行，都应直言劝谏，不要隐瞒。

　　坚持"以人为镜"，就是提倡大臣要敢于提意见，倡导直言善谏的政风，以别人的谏言为镜，衡量施政的得失。由于李世民十分重视谏官，强化谏官对皇帝诏令的审议功能，因此减少了许多失误，维护了皇帝和国家的威信。下面我们举两个"以人为镜"的故事。

　　魏征的故事。

　　玄武门之变后，原东宫的旧臣均被押上了囚车，准备奏请皇上立即处死，其中就有太子的洗马魏征。李世民知道魏征有治国之才，问道："魏征，你为什么要劝隐太子杀朕？"魏征语气淡淡地说："因为你文韬武略远胜于太子，只有杀了你才能保住他。"李世民看着魏征，良久不语，突然，他拔出剑来，一下劈开了魏征的囚车，并下令："朕也需要你这样一个敢言的忠臣。你愿意出来帮助朕吗？朕这就任命你为谏议大夫。"魏征说："如果你一定要让我做这个谏议大夫，能答应我的第一条劝谏吗？就是要改礼葬隐太子。"

　　魏征的话，使在场的人都为之一惊。李世民手抚马背，低头沉思片刻，毅然采纳了魏征的谏言，并对长孙无忌说："传朕指令，追封建成为息王、元吉为海陵王，按礼制厚葬。"魏征、王珪、韦挺、冯立等东宫旧臣闻言热泪盈眶，一齐跪倒："谢陛下隆恩！"李世民扶起魏征说："该说谢的是朕呀，只有礼葬隐太子，才能安天下百姓之心，全朕仁悌之义！你的这条劝谏，抵得上十万精兵呀！"于是李世民立即传诏，封魏征、韦挺为谏议大夫，王珪为黄门侍郎，冯立为左屯卫中郎将。详情在后面的"纳谏篇"还将继续讨论。

李世民以魏征之谏言为镜，在取得政权之后，对原东宫和齐府的文臣武将采取了宽宏大度的和解政策，迅速稳定了政局。

长孙皇后的故事。

李世民坚持"以人为镜"，明了施政得失。对形成贞观之治贡献最大的人，除了魏征，就是长孙皇后。

有一次，洛阳为迎皇帝东巡，大兴土木，要重修皇帝驻跸之处乾元殿，而且要造得比隋炀帝时还高三尺。这件事，李世民从心里是愿意的，因为洛阳是他打败王世充的地方。但没有想到，此举却遭到张玄素和魏征的激烈反对。张玄素说，如果这样，"陛下之过，甚于隋炀帝矣"。魏征也说："如果陛下让东宫官员将此殿修建下去，那皇上就和桀、纣无异。"

李世民在朝堂之上挨了魏征和张玄素的顶撞，觉得颜面扫地，气得一整天没有进食，谁劝说也不行。到了掌灯时分，长孙皇后身着朝服，手提一只食盒，盛装站在李世民面前，看着李世民说："臣妾是为朝廷里有魏征这样的忠贞之臣来向皇上道贺的！"李世民说："别提他了，他在朝堂上一点面子也不给朕留，朕真恨不得杀了他出这口恶气！"

长孙皇后说道："**臣妾听说主明而臣直，如果大唐不是出了一位贤君，魏征敢这么冒死犯谏吗？自古进谏不偏激，不能触动人主之心，所谓狂夫之言，圣人择善而从，请陛下想想这个道理。**"李世民闻言一愣。皇后的举动和话语显然打动了李世民，他心想："他们都说朕不对，那就一定是朕做错事了！"

用过膳，李世民来到弘文殿，与长孙无忌讨论起秦始皇的得失。长孙无忌说："嬴政为秦王时，也是英才盖世的雄主，文韬武略前无古人，十年间便灭掉了六国，一统山河。但是，称始皇帝后，他却再也听不进去任何意见，谁讲真话就贬斥诛杀，连自己的儿子扶苏就焚书坑儒一事提出几句忠告，也被他赶出朝去。从此，暴政行于天下，不经二世而亡。"言者可能无心，但听者却是有意。李世民心中感触到："朕现在是不是也有些像统一天下后的始皇帝？……鉴古知今呀，做天子的功业到了登峰造极的境地，那就是最危险的时候，再往前一步便是孤家寡人，成为天下大害。"李世民感慨地说："由此观之，朕真该反躬自省了！"

张玄素和魏征的话虽然难以接受，长孙皇后的"主明而臣直"却是实情，长孙无忌议论秦始皇也并不是"无心"。李世民以此为镜，反思自己，感到自己有些听不进意见，忘乎所以了。李世民的反思是认真的，听话听音，知错就改。于是，李世民对长孙无忌说："**就从恢复朝臣上朝评论朝政的制度开始吧。**"李世民命五品以上官员三日内都上一道奏章，议论朝政得失，以后每半年上疏一次。李世民说："治理这样一个大国，没有几个诤臣怎么行呢？"从此，大臣上疏评议朝政得失便成为一项制度并被坚持了下来。

长孙皇后执掌后宫时，为唐太宗治理天下提供了稳定的"后院"，而且她读书不倦，通晓古今，成了李世民的政治顾问。她只问大事，不问小事，以皇帝的大局为大局，以国家的事业为自己的事业，对贞观之治产生了重要影响。贞观九年，长孙皇后去世。她临终前留下三条遗嘱，其中之一就是不要重用外戚，防止外戚干政。这成了关系大唐江山永续的政治遗嘱，李世民时期是遵照执行了。但是后来，大唐走向衰落，原因恰恰是唐玄宗李隆基后期出现了外戚干政。

"以人为镜，可以明得失。"李世民保此一镜，就是坚持了君臣一体治国。

5 以民为本，以德和民

民本思想，认为庶民百姓是立国兴邦的根本，这是儒家的治国思想。《尚书》中就有"民惟邦本，本固邦宁"和"德惟善政，政在养民"的话。《孟子·尽心下》中也有"民为贵，社稷次之，君为轻"的话，认为民心向背关系国家安危。李世民主张尊儒崇文，就体现了"以民为本"的治国思想。

李世民有"以史为鉴"和"以人为镜"的自觉意识，他站在历史发展、朝代变迁的高度，认识到任何一个政权或任何一代江山社稷，都会有盛有衰；君王治国的政策也会有对有错，有得有失。君王治国的政策关系着国家的命运和政权的成败，而政策的核心就是君与民、君与臣的关系。只有君臣一心，兢兢业业，关注百姓疾苦，得到百姓拥护，社会才能安定，政权才能长久。

如何认识民众的力量，是不同历史观的分水岭。人类的历史，归根到底是社会物质生活资料发展的历史，是社会物质生活资料的生产者——劳动人民的历史。19世纪马克思主义学说的创立，深刻揭示了人民群众是历史的创造者这一真理。这一真理是唯物主义的历史观，是人类认识历史上的一次伟大变革。公元7世纪的唐代，是一个封建帝王掌权统治的时代，奉行的是帝王将相决定历史的唯心主义的历史观，民众只是被帝王所使用的工具而已。李世民作为一代明君，其高明之处在于他能够从强大的隋朝被农民起义所推翻的历史教训中，认识到庶民百姓的力量，这无疑是一种进步。李世民吸收儒家的民本思想，用以治国，核心是为了巩固李家的政权，但终归还是对百姓有益处的，对社会安定有好处的。

第一是民众可畏的思想。

贞观六年，李世民对侍臣说："看古之帝王，有兴有衰，犹朝之有暮。"他又说："天子者，有道则人推而为主，无道则人弃而不用，诚可畏也。"意思是说，国君如果有道，百姓就拥戴他；如果无道，百姓就会抛弃他。这实在是可怕呀！大臣魏征赞成他这种"百姓的力量可畏"的思想，说："今陛下富有四海，内外清晏，能留心治道，常临深履薄，国家历数，自然灵长。臣又闻古语云：'君，舟也；人，水也；水能载舟，亦能覆舟。'陛下以为可畏，诚如圣旨。"这里的"留心治道"，就是说重视对百姓的态度；这里的"道"，就是"百姓的拥护"，就是"得人心者得天下"的正道。李世民注意到了民心的力量，这是一种明智而进步的思想火花。由于时代的局限，李世民感到了"百姓可畏"，因此采取了"不得罪百姓"（历史学家范文澜语）的政策，客观上是有利于国家，有利于人民的，也具有"以人为本"的思想含义。后人总结贞观治世，说李世民坚持了"以人为本"的思想，也不过分。当然那时的"以人为本"与我们今天主张的"以人为本"是有着本质的区别的。

第二是"慎刑"与爱民思想。

李世民认为："人者国之先，国者君之本。"君依于国，国依于民，因此君王与民众是相互依存的。视百姓、臣民如同自己的股肱；视君民关系为鱼和水，这就是重民、爱民的思想，重视百姓的生命价值和关心百姓疾苦的思想。

贞观年间，司法制度强调"慎死刑"，而且执行得很彻底，使百姓得到了实际的利益。隋炀帝时坚持严刑峻法，如规定"盗一斗米杀头"。李世民修改隋律，去掉了一半以上的死刑条款，慎重对待死刑。

李世民也犯过因怒而杀人的错误。传说有位叫张蕴古的管监狱的官吏，监狱内有个犯人，是间歇性的自大狂，说了有罪的话，被定为死罪。张蕴古替这个犯人向皇帝求情，说他是个有病之人，说的诳话，不能承担法律责任。皇帝同意将这个犯人放了。张蕴古回到监狱与这个犯人见了面，因为高兴还带去了酒。不料此事被人告到皇上那里，皇上一听勃然大怒，认为张蕴古随便泄露皇上旨意，是出卖了皇上，一气之下就把张蕴古杀了。这显然是个错案。事情过后，李世民感到非常后悔，张蕴古虽然有罪，但也不至于是死罪。为了避免这类悲剧重演，他宣布，（在死刑上）当皇帝做出决定后，下面还要反复上奏并核准；全国范围内的要反复上奏三次；京都范围内的要反复上奏五次，方得核准执刑。这个**"五复奏"的规定，挽救了很多人的生命，防止了皇帝因怒而杀人的悲剧发生。**

贞观六年，大理寺监狱有近四百名死刑犯人，按规定每年的最后一个月，皇帝要到大理寺探监，犯人还有最后一次向皇帝喊冤的机会。若犯人当面向皇帝喊冤，则此案必须重申。李世民到了大理寺，见没有人喊冤，很受感动，决定让犯人最后回家探望亲人一次，规定来年秋后再回到监狱服刑。被释放的犯人体会到生命的价值和人的尊严，到了来年秋后，四百名犯人，一个不少，全部回到了监狱服刑。最后，李世民把这些守信的犯人全部赦免释放。后来诗人白居易在《七德舞》一诗中赞颂贞观之治时说："怨女三千出后宫，四百死囚来归狱。"此外，贞观年间的"五复奏"，则是保证司法公正的法制监督体系的一个雏形，至今依然有着重要的启示作用。

第三是霸道与王道，依情而用，兼而行之。

在古代的治国思想中，儒家主张以德治国，采用重教化、行仁政的"王道"思想；法家主张以法治国，采用重严刑、施暴力的"霸道"思想。前者重在爱民，以德教化民众，争取民心；后者重在御众，以赏罚立威，而令民威服。作为封建帝王，既要以权以刑立威，也要施恩用慈以抚育民众。李世民说："非威德无以致远，非慈厚无以怀人。"他将德与法相辅相成，王道与霸道依情而用，兼而行之，并未落入儒家、法家各执一偏的俗套。李世民向众臣说："隋行的是暴政，严刑峻法，而本朝行的是王政，讲求的是**王本刑末**，最根本的就是要慎刑。"他破除了隋的暴政，并不是简单地废除刑罚，而是坚持赏罚合理，恩威有度。核心是关注国家安危，也关注民众的承受力。

李世民精简机构、并省官员的措施的实行曾一度受挫，在讨论如何坚持这一措施时，长孙无忌说："陛下打败颉利，是以王道行的霸道；而要让这件事（并省官员）办成，非得以霸道行王道才是。"李世民一拍大腿说："好一个以霸道行王道！治懒散臃，就像割连皮的猪肉，不霸道一些，怎能成得了事？"乱世用霸道，治世用王道。实施政策，应以王道行霸道，或以霸道行王道，刚柔并济，赏罚并用。关键要看情势和对百姓的态度，这才是明君的御民之术。

第四是政策为民，"偃武修文"，"以静治国"。

李世民登基之后，面对乱局却做出了一个令人惊叹的决定，即"偃武修文"，选择了以文治国的政治方向。这个在军事上有着卓越才能的帝王，毅然决然地放弃了自己的长项，放下了天子的架子，从零学起，虚心做起了文人皇帝。面对北方部落侵扰中原和连年干旱灾荒的压力，李世民在打败颉利之后，坚持安定民心为上策，发展农耕，改善民生；坚持节俭，抑制奢华，减轻百姓负担；实行耕战结合，藏兵于民等措施，把国家从饿殍遍野的境地中拯救出来，并呈现出一片欣欣向荣的景象。正是贞观年间"以静治国"、发展经济积攒的雄厚国力，使得唐朝在贞观之后，可以继续走入鼎盛的"开元盛世"。

6 居安思危，防患未然

《贞观政要》阐述了唐太宗君臣的安邦治国之术，以"君道篇"为首，以"慎终篇"为结尾。这种结构安排，展示了作者吴兢编纂此书的用意，即"义在惩劝"，使"有国有家者克遵前轨，择善而从，则可久之业益彰矣，可大之功尤著矣"。贞观之治的经验，我们将在后面的章节中展开讨论。李世民成为一代明君，在其思维方式上，还有一个重要的方面，就是始终不忘居安思危，善始慎终。有人说，谁掌握了思维的杠杆，谁就能撑起整个地球；未来属于拥有与众不同的思维的人。这个说法对于治国也是适用的。实现从乱到治，首先是从改变思维开始的；了解贞观之治的形成，也不可忽视李世民的思维智慧。为此，试进行以下探讨。

关于居安思危。

"居安思危"从字面上讲，就是处在安定的环境而想到可能出现的危险，要防患于未然。这是一种具有预见性的思考问题的方法。

事物发展的规律是物极必反，否极泰来，事物矛盾的双方在一定条件下互相转化。因此对执政者来说，要居安思危，才能稳固自己的地位。正如孔子所说："君子安而不忘危，存而不忘亡，治而不忘乱，是以身安而国家可保也。"（见《周易·系辞下传》）这就是对"居安思危"的解释，说明了安与危、存与亡、治与乱的辩证关系。

在《贞观政要》中，"居安思危"是唐太宗君臣治国安邦的一种政治智慧。李世民以历史的经验审视现实，坚持安不忘危，理不忘乱，防微杜渐，多处用到"居安思危"的思想。

贞观六年，是唐太宗即位后政绩最显著的时候。战胜了冰霜干旱等自然灾害，打败了突厥的侵扰，关中丰熟，百姓还乡；社会安定，人心归顺，无复盗贼，囹圄长空；路不拾遗，夜不闭户。"此皆古昔未有也。"在这样一派大好的形势下，李世民却与侍臣们讨论"居安思危"的问题，他认为，自古失国之主，皆为居安忘危，处理忘乱，所以不能长久。以史为镜，就要盛不忘衰，安不忘危，防止骄矜无度而使江山易主。同时警示自己要保持清醒的头脑，也告诫群臣不可忘乎所以，粉饰太平。

贞观十一年，魏征给唐太宗上了一道长长的奏章，从"居安思危"的角度，历数历史上许多国君，虽然忧国忧民，但"功成而德衰，有善始者实繁，能克终者盖寡"；认为隋炀帝就是"恃其富强，不虞后患"，治国"失其道"，结果"君臣道隔，民不堪命，率土分崩"；提醒唐太宗思考守成之难的问题。这是在太平环境下，魏征针对皇子之间争权夺利，部分大臣以功臣自居而无法妄为，腐败滋生的现象而提出的。魏征直率地说："若君主有一念之差，不善始慎终，忘缔造国家之艰难，那么将人怨神怒，后果是难以估量的。"唐太宗亲自写诏书回答魏征，"公之所谏，朕闻过矣"，希望你不怕冒犯，毫不隐讳地直言得失，"朕将虚襟静志，敬伫德音"。唐太宗采纳魏征的谏言，并着手酝酿解决面对的新的危机。此时的"居安思危"之论，如同改革暴风雨到来之前的山风，给人以警示与预告。

"居安思危"是一种辩证的思维方法。唐太宗提出安与危、治与乱的矛盾课题，"居安要不忘危，处理要不忘乱"；要牢记"因胜而骄，骄而致败"的历史教训；警惕善始而不能克终；说明"取江山易，而守江山难"的道理，警示自己，教育群臣。尤其是在君臣之间，以讨论、谏诤和择善纳谏的方式，就治国问题达成共识。朝臣如果有胆有识，听懂了皇帝的心思，就会自觉地调整自己的言行，走到皇帝关心的问题上来；朝臣若固执己见，听不懂皇帝的心思，将会受到制裁而自食其果。"居安思危"是手段，"善始慎终"是目的；对于帝王是如此，对于众臣也是如此。由此看来，"居安思危"的论争，正是帝王治国御臣的统治艺术。

"居安思危"是唐太宗的政治智慧，也是成就贞观之治的重要因素之一。但数十年后，唐朝后来的统治者却淡忘了这一点，渐渐忘乎所以，尤其是唐玄宗在执政后期，沉醉于声色犬马，迷恋杨玉环，荒废朝政，使大权旁落于杨国忠之手。杨国忠之辈为非作歹，欺压百姓，终于引发了"安史之乱"，继而爆发了农民大起义，唐王朝也在农民大起义的冲击下走向衰落。

"居安思危"在现代依然有着重要意义。世界上第一个执政的马克思列宁主义政党——苏联共产党，在建党 93 年、执政 74 年之后，于 1991 年 8 月 24 日被打着"改革与新思维"旗号的苏共中央总书记戈尔巴乔夫宣布自行解散；1991 年 12 月 25 日晚 7 时，克里姆林宫的苏联国旗悄然落下，标志着世界上第一个社会主义国家——苏联从此在世界政治地图上消失了。经历了 93 年的曲折历程，号称有 2 000 万党员的苏联共产党最终垮台。2011 年是苏联解体 20 周年，这一巨大的历史灾难留给人们的最深刻的思考，就是掌握了政权的革命党人如何居安思危。研究学者认为：我们应当清醒地认识到，西强我弱局面有可能较长时期存在。社会主义与资本主义这两种制度将长期并存，有合作，有竞争，同时又有激烈地较量，两种制度的根本战略目标不可能共赢。因此，我们在高度警惕西方在对我国运用"硬实力"的同时，更应高度警惕其对我国运用的西化、分化的"软实力"和"巧实力"。我们还应特别注意到，在新的形势下，以美国为首的西方强国"软实力"中的"金融操纵""意识操纵""非政府组织渗透""信息干扰"等新武器的新作用。①

李世民不仅是善于"居安思危"的有预见性的明君，而且是善于转化危机、防患于未然的政治高手，可举下例为证。

---

① 李慎明、陈之骅：《居安思危》，52 页，北京，社会科学文献出版社，2011。

明升暗降，谈笑中解除大将军兵权。

李靖是唐朝的大将军，用李世民的话说，大唐的江山有一半是李靖打出来的。李世民称李靖为"靖兄"，因为李靖比李世民大 20 多岁。善战的将军侯君集曾随李靖学习兵法；年轻的战将李勣是李靖的学生。能打仗的将军维系着一个王朝，而王朝的统治者最忌惮的又往往是最能打仗的将军。为打败强大的突厥，李世民将唐朝的主力军全部交给了大将军李靖，在战役的关键时刻，李世民甚至把守备京师的禁卫军也派来支援。李靖不负所望，战败了突厥，生擒了颉利，扩大了大唐的疆域，功不可没。

聪明的将军，从来都是"居安思危"的智者。胜利后，兵权在握的李靖和李勣不能不为自己的处境担忧。有道是"鸟尽弓藏，兔死狗烹"，自古皆然。汉高祖刘邦得到天下之后，没有一个大将得到了善终。李靖师徒此时的心境亦然，在庆功宴后，他们有一段发自肺腑的对话：

李勣说："这一年多，我经历了一生中最残酷的几场大战，几次命悬一发，我都没有感到过恐惧，可是在生擒颉利之后的庆功宴上，我却深深感到了一种恐惧。"李靖吃惊地问这是何故。李勣回答："皇上和高祖与颉利屡战屡败，皇上甚至不得不和他签订城下之盟；而我们师徒居然把此人打得落花流水！当年韩信、彭越、英布为什么会被杀死，不就是因为刘邦屡败于项羽，最后是这几个人击败了楚霸王吗？"李靖浑身一颤："我们会重蹈他们的覆辙吗？"

事情果不出他们所料。李靖的爱将张宝相担心战后会被解职，编造了一个反击夷男骑兵袭占白道关口的"白道大捷"。李靖为保张宝相，只好将错就错，提出大军西征追剿夷男余部的计划，报到了朝廷。然而李世民早就在李靖的定襄军中派下了眼线，揭露张宝相的密报也同时到了长安。这使李世民很愤怒，对李靖的忠诚产生了强烈质疑：李靖这是想干什么？

李世民仿佛看到了隐含的危机，决定派善于说辩的长孙无忌前往边地劳军，看望李靖。长孙无忌向诸将颁读了皇上的宣慰诏书，并将长安带来的金银玉帛赏赐诸将，安定将士的心。等众将离去，他便将皇上的手谕双手递到李靖手中。手谕中写着授李靖为光禄大夫。长孙无忌说：皇上想要拜你为右仆射，让你出将入相。李靖从皇上的手谕中，看出皇上已经知道了白道之战的实情，于是将情况和盘托出，请求保部下张宝相不死，将大将军的指挥权交给了副帅李勣，自己则随长孙无忌离开军营，回长安听候处置。李世民亲自到潼关外三十里迎接李靖，并回宫廷设专宴为李靖接风洗尘。**在双方智慧的沟通中，一场危机就这样平息了。**李世民在谈笑中解除了李靖的兵权，又争取了李勣这员大将，李靖西征的事情也再没人提起。第二年开春，北部形势稳定，李世民便下令把绝大部分人马从草原上撤了回来。

从上面的故事可以看出，李世民的"居安思危"，既是对手握重兵的大将万一对朝廷不忠的提防，也是对拥兵自重的将军的一种警告；既对大将放手授权，又不放弃对将军行动的监督；当出现了意外情况的时候，既对最坏的可能性进行了防备，又主动地采取沟通、分化、尊重的对策，力求化解矛盾，**用智慧将冲突化于无形之中，避免了矛盾的激化。**

7 精简机构，并省官员

在贞观的大好形势下，李世民注意到了另一个潜在的隐忧：朝中衙门林立，官员太多。官员中尤其是山东士族的官员居众。不仅影响了效率，废弛朝政，而且一旦出现山东士族尾大不掉的情况，那将对皇帝的政权构成威胁。

朝廷打井抗旱的诏令下达了一个多月，百姓还一无所知。李世民敏锐地感到，该解决朝中人浮于事的问题了。为此，他对大臣们说："朕以为必须尽速并省官吏，否则他们占着官位无所事事，废弛朝政，无事生非，那可要误国误民呀！"

这时，一向稳重且不轻易发表意见的岑文本表明了反对的态度："陛下，此事只怕不能这么急呀，战事刚歇，百废待兴，现在就动手并省官员，只怕会出乱子的。"此事确实很难。官吏冗杂之害始自武德初年，沿袭至今已经十五载了。太上皇李渊晋阳起兵，为了赢得前朝官吏的支持，不得不大量任官。唐太宗登基之初，广招贤能干吏，聚天下之才，封出去的官就更多了。岑文本说："朝廷收拢这点人心不容易呀，但要是想失掉他们，那可全不费力。"李世民叹了口气说："解铃还需系铃人。既然是朕造成的这个局面，还得朕把它扭过来才是。这次关中大旱的教训，想起来让人后怕。中原百年战乱，人心思治，而要大治天下，靠一个人浮于事的朝廷行吗？天下苍生等不起呀！"

正是这种急于改革的历史责任感，使李世民最后下了决心，治国先治吏，快刀斩乱麻。经过研究，李世民采纳了吏部尚书侯君集"长痛不如短痛"的意见，定下了并省官员四中裁三的方案。据此，优良中劣四等官员中，只留优等。朝廷的各部司如同经历了一场风暴。

山东士族中有个王羲之的后人叫王子廷，是工部侍郎。家中贫穷，为了能保住位置打通关节，借贷五万金买了一幅王羲之的字画，说是自家祖传的，送给了房玄龄的二公子房遗爱，托他关照。房遗爱自以为有把握，就收下了。结果王子廷被裁官，还背了五万金的债务，无奈上吊自杀了。

工部侍郎王子廷的死，轰动了整个朝廷，大小官员全来王家吊唁，更多的是对这次并省官员的不平和气愤。数百名官员都立在王家的灵堂，以死人压活人，抗议并省之举，形成了罢政的局面。二千多名官员签名，上奏章，要求严惩侯君集，最轻的是要求他辞官。侯君集也是一不做二不休，依据考绩，将优等的定为留用，其余的并入裁免，同时将并省官员的名单开列出来，呈报皇上定夺。

李世民弄清了有谣言在蛊惑人心之后，用事实说服了朝中重臣，支持侯君集的提案，重申了并省官员不可动摇的决心，并派岑文本向众官说明真相，使聚众罢朝的官员回府公干。随后，李世民又提出了增设部分保留俸禄但没有实权的散官的制度，兼顾了被裁撤官员的利益，从而使并省官员之事有了一个圆满地结局。经过精简，朝廷各部司官员减少了四分之三，行政效率大为提高。

李世民一手施威于前，一手加恩于后，让留用的、裁了的都对皇上感恩戴德，这就是帝王御众的心术。李世民精简机构的决心和魄力，处理善后问题的周到与合情，兼顾历史与现实、改革与稳定的关系，将情、理、法处理得如此周到细致，令人佩服。时至今日，在机构精简过程中设置散官这一过渡形态，仍为后人所借鉴。

8 着眼慎终，选好接班人

"居安思危"是为了"善始慎终"。善始慎终是每个开国帝王都期盼的结果，但是并不是所有的人都能做得到的。

贞观十五年，唐太宗与侍臣讨论"守天下难，难在哪里"。魏征说："观自古帝王，在于忧危之间，则任贤受谏。及至安乐，必怀宽怠，言事者惟令兢惧，日陵月替，以至危亡。圣人所以居安思危，正为此也。"这就是善始慎终的问题。在胜利之后，在太平安定的情况下，君主往往会松弛懈怠，若要保持创业时期那种任贤受谏的精神是不容易做到的。因此安居之时，君主更要能怀畏惧之心，行事谨慎才是。一句话，守天下难，善终更难。

唐太宗的善始慎终是无人可比的：他统一了大唐江山，创造了无内忧无外患的治世局面；他坚持以人为本，建立完善了一套治国、御吏、抚民的法律和政策，经济繁荣，社会安定，国力强大，人才辈出；他严于律己，举贤任能，从谏如流，崇尚节俭，使国家形成了清廉的政风；他坚持安不忘危，习武强兵，寓兵于民，四邻安定；他以史为鉴，不断警惕骄奢淫逸，警惕贪欲扰民害民，以隋炀帝为训，不做昏君，要做明君，使大唐江山永固。

为了国家的长远发展，在慎终问题上，唐太宗也遇到了严重的挑战，主要表现在两个方面：一是古代帝王的通病，即胜则骄矜，以至于灭亡；二是接班人的选择与培养。而继承人问题则是事业能否善终的关键。

李世民在立储君、各皇子争位的问题上，是比较伤脑筋的。贞观之初，在颉利大兵欲围长安的情势下，李世民带兵出战，前程未卜，于是立了嫡长子李承乾为太子。当时为避免李建成旧部叛乱，李世民将李承乾派到李艺军中为监军，其实是被扣为人质，几乎没被饿死，他为唐朝的社稷做出了牺牲。但太子李承乾心地仁慈，性格软弱，后来的作为越来越令李世民不满。为刺激李承乾进步，李世民有意看重了颇有文采的魏王李泰。李泰与李承乾的矛盾明朗化，齐王李佑自行派人刺杀魏王，阴谋败露后李佑在齐州树起反旗，结果失败，被定为死罪。李世民怀疑李佑之变与太子有牵连，加上泽州的腐败案与太子有染等，李承乾面临皇储被废的危险。李承乾在其岳父侯君集的操纵下，为保住自己而图谋逼皇上退位，结果谋反未遂，被流放三千里外。

李世民对魏王李泰曾颇有好感，准备托付重任于他。没有想到，李泰在谦和的后面却隐藏着不可告人的心机，为争储位，私养死士，制造事端，嫁祸于太子，明为仁厚，暗藏奸邪。这再一次让李世民失望，李泰最终被囚禁于北苑。

李世民说："十几年的时间，围绕东宫位置的争议还未解决，朕的一个皇子被处死，一个皇子被流放，一个皇子刚刚被囚往北苑。老年丧子，是人生的最大的悲哀，何况这几个儿子还是朕亲自下令处置的。"虽然身为天子，但做父亲做到这个地步，李世民感到内疚。但是，皇权和帝业是高于一切的，即使付出再大的代价，李世民也一定要选出一个能够把贞观的道路延续下去的储君。

在三个嫡皇子中，除了李承乾、李泰，还有晋王李治，年方十七，在皇子中排行第九。诸皇子斗来斗去，只有他不参与，养成了独善其身的性情。李治虽然年轻，在他的周围，有舅舅长孙无忌的坚强辅佐，有晋王府长史、大将军李勣的支持，所以李世民最后宣布："朕欲立晋王李治为太子！"他对众人说："这些年，朝中皇子夺嫡，纷争不已，斗散了人心，斗坏了世风，这样的内耗以后不能再有了，这也是朕立晋王为储君的一个重要原因。因为诸皇子中，他是最不爱结党营私的一个，和你们谁都没有亲疏之分，他将来继承了江山，你们都可以人尽其用，而他的兄弟们也能得到保全。"李世民决定："这次东宫僚属皆盛选重臣，……，尽心辅佐太子，把他培养成一个合格的储君。"

自从废了李承乾之后，李世民吸取了教训，甚为重视对李治的培养，经常亲自施教。贞观十九年，李世民召李治住在寝殿的侧殿，朝夕相见，频加教导。李世民说："**凡事皆须务本，国以人为本**，做天子的可要时时记着这一条。你乘舟的时候要知道，水能载舟，亦能覆舟。而天子好比舟，百姓就好比水，治国的时候，做天子的一定要心里存着天下苍生。战战兢兢，若临深而御朽；日慎一日，思善始而令终。"李世民还总结了自己一生的修养与执政的经验，亲自撰写了《帝范》十二篇，于贞观二十二年正月，交给了太子李治。第二年五月，李世民病逝。这个《帝范》就成了李世民真正的遗嘱了。

李治即位，即唐高宗，年号永徽。唐高宗即位后依然执行唐太宗的"治国之道"，故唐永徽年间仍有贞观遗风。李治并没有让唐太宗失望，在李治及后来的武则天、唐玄宗的治理下，大唐的贞观之治终于发展成为"开元盛世"，威震天下。大唐江山从公元 618 年到公元 907 年，前后经过21 个皇帝执政，历时 290 年，成为中国历史上的鼎盛时期。

9 李世民的遗训：《帝范》

贞观二十二年正月，李世民将亲撰的《帝范》十二篇，交给了太子李治，谆谆告诫"当择圣主为师，毋以吾为前鉴"。李世民还说："我并不是你学习的榜样。古人说：'取法于上，仅得为中；取法于中，故为其下。'我自即位以来，也有许多不足为训的地方，比如锦绣珠宝不绝于前，宫室台榭屡有建造，犬马鹰隼无远不至，巡游四方烦劳百姓。这些都是我的过失，你要引以为鉴。"

李世民在执政期间，曾数次拒绝了官员请其著述的建议，也屡次拒绝了官员为其撰书立传的请求，以免陷于歌功颂德的流俗。但是，作为一代帝王，对江山的继承人问题却无法回避。在李世民晚年，他的许多重臣相继离世。魏征于贞观十七年病死，病危之前，完成了唐太宗嘱咐他撰写的《自古诸侯王善恶录》一书，作为太子诸王的立身之本；暗中支持李恪的岑文本于贞观十九年愁死了；一直支持李泰的房玄龄于贞观二十二年病死。如何教育未来的执政者做到德才兼备，使贞观的基业永固，自然是李世民必须考虑的问题。因此，李世民急切希望将自己一生的经验和心得传授给他的继承人，使之有所凭依。《帝范》就是李世民一生执政经验的精华所在，也是历代帝王所珍藏的执政秘典。我们"读贞观"，学习李世民治国施政的智慧，《帝范》是不可多得的教材。下面，我们简要介绍一下这部著作。

《帝范》的目录：

帝范原序

帝范卷一：

　　君体第一：自身修养的学问

　　建亲第二：运用权力的学问

　　求贤第三：使用人才的学问

帝范卷二：

　　审官第四：选任官员的学问

帝范卷三：

诫盈第七：防止骄傲产生过失

崇俭第八：防止侈靡导致堕落

赏罚第九：防止不公招致乱政

帝范卷四：

务农第十：关注耕织，以利社会稳定

阅武第十一：军备不息，是长期和平的基石

崇文第十二：教育民众，更要教育自己

《帝范》的主要观点：

第一，为什么著《帝范》？

《帝范》的序言中说明了李世民的用意，至少有三点：

一是作为一国之君，应该具备大德之行；应当率先垂范，用礼仪来规范君臣的行为，并区别上下之异。明了此理，才可安定百姓，统御天下。

二是深明创业之艰难，在帝位，就要弘扬高祖遗风，要不忘自己肩负的重责。勤政慎独，居安思危；位虽高而不敢自傲，权虽大而不敢自矜，仿佛临渊而惧，不可掉以轻心，以求善始善终，永葆大业。

三是你（李治）成长于深宫，阅历短浅，规矩缺乏。在朝要懂君臣之礼，在野要知民生之疾苦。我所以旁征博引，是为了让你明古知今，增长见识，提高才干，不负厚望。

第二，帝王、国君应该是个什么样的人？

君体，也可谓君道，主要说明国君与百姓的关系，以及国君的自身修养问题。"欲为君者，能以德和民，民人乐为之用，乃可以为国。""人者国之先，国者君之本。"无民则无国，无国则无君。国君应以民为本，志向远大，内心公正，人民才跟从你；国君必须具备高于民众的品德，以德服人，以德领导人。"非威德无以致远，非慈厚无以怀人。抚九族以仁，接大臣以礼。奉先思孝，处位思恭。倾己勤劳，以行德义，此乃君之体也。"

第三，怎样掌控国家，怎样运用权力？

这是政体问题，也是集权与分权的学问。

李世民提出了"建亲"的思想。"旷道（即天下）不可偏制，故与人共理之；重任不可独居，故与人共守之。"李世民主张"封建亲戚，以为藩卫，安危同力，盛衰一心"，但是秦隋灭亡的教训是"末大则危，尾大难掉，流尽其源竭，条落则根枯"。因此，中央与地方（侯国）的关系，要合理分权，相互制衡。所分之权必须有能力掌控，不许其乱用。"封之太强，则为噬脐之患；致之太弱则无固本之基。由此而言，莫若众建宗亲而少力，使轻重相镇，忧乐是同，则上无猜忌之心，下无侵冤之虑。此封建之鉴也。"这是中央与地方联合治国的思想。

李世民还提出了"君臣一体治国"，主张纳谏，这是指处理君臣关系。李世民认为，正确地集权与分权，应是既有分权，又不失控；既有集权，又不专断；"斯二者，安国之基"。尽管是建立一个封建帝国，但这一集权与分权的思想仍是有前瞻性的。

第四，如何选人用人？

用现在的说法，选人用人就是干部政策，是治国用人的核心问题。李世民提出了"求贤""审官""纳谏""赏罚"的原则。

"求贤"：治国务在举贤。"国之匡辅，必待忠良。任使得人，天下自治。""家有贤妻，甚过良田千亩；国有贤臣，甚过黄金累千。"贤德之才是事业成功的保证。"帝王之为国也，必藉匡辅之资。"提倡举贤、任贤、敬贤。"故求之斯劳，任之斯逸，此求贤之贵也。"

"审官"：选任官员，李世民提出了两个重要的思想。

首先是用人要尽其才，取其长，量能授职，才尽其用。"明主之任人，如巧匠之制木，无曲直长短，各有所施。明主之任人，智者取其谋，愚者取其力，勇者取其威，怯者取其慎，无智、愚、勇、怯，兼而用之。故良匠无弃材，明主无弃士。不以一恶忘其善，勿以小瑕掩其功。割政分机，尽其所有。"当然，使用时要区分能力的大小，授责之轻重要与其才能大小相宜，量才而用。

其次是知人善任，权责相当，善集众智，协调配合。"今人智有长短，能有巨细。或蕴百而尚少，或统一而为多。有轻才者，不可委以重任；有小力者，不可赖以成职。委任责成，不劳而化，此设官之当也。斯二者治乱之源。""列宿腾天，助阴光之夕照；百川决地，添溟渤之深源。海月之深朗，犹假物而为大。君人御下，统极理时，独运方寸之心，以括九区之内，不资众力何以成功？"明智的君主要善于资助众力，博采众智，按职用人，配合协同，这是任官用官的重要原则。

"**纳谏**"：决策明断的学问。

"**赏罚**"：公平地赏罚，是君主治吏的主要手段。赏罚不公将招致乱政。

第五，律己修德，效法先贤，善始慎终。

李世民主张"诫盈""去谗""崇俭"。

"**诫盈**"：**在自律上，防止骄奢**。君主居至高之位，固当诫盈防骄，忧惧守中，不可过极妄为；否则，物极必反，必有倾危之机发矣。"夫君者，俭以养性，静以修身。俭则人不劳，静则下不扰。"若好奇技淫声，游幸无度，就会造成徭役劳民，荒废农桑；若好高台深池，珠玉珍玩，则会赋敛重，人才遗。"乱世之君，极其骄奢，恣其嗜欲。""故人神怨愤，上下乖离，佚乐未终，倾危已至。此骄奢之忌也。"

"**去谗**"：**在管理上，杜绝小人的谗言**。"夫谗佞之徒，国之蟊贼也。"他们争荣华，竞势利，以疏间亲，以邪败正，使庸君迷惑，使忠臣孝子泣冤。因此奸佞之危，危国之本。"砥躬砺行，莫尚于忠言；败德败正，莫逾于谗佞。""何则饰其容者，皆解窥于明镜；修其德者，不知访于哲人。""良由逆耳之辞难受，顺心之说易从。彼难受者，药石之苦喉也；此易从者，鸩毒之甘口也！明王纳谏，病就苦而能消；暗主从谀，命因甘而致殒。"所以要杜绝小人的谗言，明主就要分辨忠奸，坚持纳谏，才能去谗。

"**崇俭**"：**在生活上，防止奢靡**。节俭是明君的美德。"圣世之君，存乎节俭。富贵广大，守之以约；睿智聪明，守之以愚。不以身尊而骄人，不以德厚而矜物。"要坚持处薄而行俭，风淳俗朴，关系荣辱。"奢俭由人，安危在己。"要知道"骄出于志，不节则志倾；欲生于心，不遏则身丧。故桀纣肆情而祸结，尧舜约己而福延。"所以崇俭防奢，关系社稷存亡，不可忽视。

第六，治国的基本方略，基本国策。

李世民坚持"务农""阅武""崇文"。

"**务农**"："食为人天，农为政本。""以务农立国，以足食为政。"务农，即关注民众的生存权。"仓廪实则知礼节，衣食足则志廉耻。"坚持"禁绝浮华，劝课耕织，使人还其本，俗反其真，则竞怀仁义之心，永绝贪残之路，此务农之本也。"坚持"务农"，就要体贴民众，多施仁惠，给农民以更多的利益；重农应安农。同时，君主要节制自己，"君不约己，而禁人为非，是犹恶火之燃，添薪望其止焰；忿池之浊，挠浪欲止其流，不可得也。莫若先正其身，则人不言而化矣"。

"阅武"："兵甲者，国之凶器也。"阅武是保全之术，拟寇之方。兵甲之器"不可以全除，不可以常用"。"故农隙讲武，习威仪也。是以勾践轼蛙，卒成霸业；徐偃弃武，遂以丧邦。""故知弧矢之威，以利天下。此用兵之机也。"

"崇文"：重视道德教化，引导社会风俗。"功成设乐，治定制礼。**礼乐之兴，以儒为本**。宏风导俗，莫尚于文；敷教训人，莫善于学。"文，即道德教化；制定礼乐，也是治理国家不可缺少的一种手段，提倡学习儒家的治国之道。"博览百家，精研六艺，端拱而知天下，无为而鉴古今。""至若长气亘地，成败定乎笔端；巨浪滔天，兴亡决乎一阵。当此之际，则贵干戈而贱庠序（指学校、文教）。"等到天下太平，"则轻甲胄而重诗书"。这说明"文武二途，舍一不可，与时优劣，各有其宜。武士儒人，焉可废也"。

结语："**此十二条者，帝王之大纲也**。安危兴废，咸在兹焉。"这是李世民对全文的总结，安危兴废，关键皆在这里。

李世民最后的嘱咐也很重要：

一是**实行难，慎终更难，皆在人为**。"人有云，非知之难，惟行之不易；行之可勉（努力），惟终实难。是以暴乱之君，非独明于恶路；圣哲之主，非独见于善途。良由大道远而难遵，邪径近而易践。小人俯从其易，不得力行其难，故祸败及之；君子劳处其难，不能力居其易，故福庆流之。故知祸福无门，惟人所召。欲悔非于既往，惟慎祸于将来。"

二是"**当择圣主为师，毋以吾为前鉴**"。李世民对自己的一生做了审视，认为"自非上德，不可效焉"，并做了以下的自我批评："吾在位以来，所制多矣。奇丽服，锦绣珠玉，不绝于前，此非防欲也；雕楹刻桷（椽子），高台深池，每兴其役，此非俭志也；犬马鹰鹘，无远必致，此非节心也；数有行幸，以亟劳人，此非屈己也。**斯事者，吾之深过，勿以兹为是而后法**

焉。"但是李世民对自己也是有恰当的估计的："我济育苍生其益多，平定寰宇其功大，益多损少，人不怨；功大过微，德未亏。然犹之尽美之踪，于焉多愧；尽善之道，顾此怀惭。"李世民联系李治的情况，则说："况汝无纤毫之功，直缘基而履庆？若崇善以广德，则业泰身安；若肆情以从非，则业倾身丧。且成迟败速者，国基也；失易得难者，天位也。可不惜哉？"意思是说，你（李治）是在"无纤毫之功"的情况下登基继位的，只有崇善广德，才能"业泰身安"。国家的根基是成者迟败者速；帝王的王位是失者易而得者难。因此你要千万珍惜呀！

10 贞观之遗憾：慎终之难

贞观后期，随着功业兴隆，李世民难免骄傲自满，渐渐听不得别人的批评。

李世民因功而骄的蜕变首先在纳谏的态度上渐渐体现出来。贞观十年，李世民在一次宴会后说，魏征总是用礼来对其进行约束，并问："比（近来）政治若何？"魏征则回答说："陛下贞观之初，导人使（进）谏；三年以后，见谏者悦而从之；比一二年，勉强受谏，而终不平也。"魏征还列举了相关的事例，李世民惊醒，说道："非公，无能道此者，人苦不自觉耳！"但到了晚年，魏征四次上《论时政疏》，批评李世民"虽有善始之勤，未睹克终之美"，此时的李世民却已经不能容忍了。一次聚集朝臣，李世民偏信权万纪污蔑魏征纵子谋害太子李承乾，竟然在气头上下令："魏征目无国法，谤讪君王，立即赐死！"后来在长孙皇后的劝解下，李世民猛醒，才留下了**魏征**的性命。贞观十七年，李世民立李治为太子后，担心谁不容易被新太子驾驭，谁会对新太子构成威胁，不管过去其功劳多高，受过多大的信任，都将在是否忠于新太子这块试金石上重新衡量。一切危险必将坚决清除，即使是招来怨恨和混乱也不顾忌。在这样的思路下，来自乡野的忠臣马周，位至中书令，李世民对其也萌生了明重用、暗夺权的念头，于是削去其中书令之职，专做太子的左庶子，去侍奉东宫。李世民亲近小人，猜忌大臣，令忠臣心寒。当李世民攻打辽东失败，征讨高句丽耗资巨大，引起民怨，剑南部落造反时，他才再次想起了魏征，可是此时魏征已经去世了。

唐太宗竭尽余力帮助太子摆平一切事务，以求给太子留下一个好的基业，但是结果却不尽如人意。**贞观十七年，史学家认为这是唐太宗一生中的重要转折**，从这以后，唐太宗的生命状态急剧下降，仅仅六年以后，一个英明的君主终于走完他人生的历程，贞观时代也随之结束。一个英雄的陨落，应该同落日般辉煌，但唐太宗不是这样，他的死让人们多少有些遗憾，有些凄婉。但唐太宗绚丽的光芒，让历史永远地记住了他。他叱咤疆场，无往不胜；他克己纳谏，君臣和谐；他以民为本，四海升平。短短的二十三年，他给后人留下了无尽的谈资。最终，他在无奈之下选择了软弱但温顺的李治作为皇位的继承人，就是唐高宗。唐高宗即位后依然执行唐太宗的"治国之道"，故唐永徽年间仍有贞观遗风，并为后来的"开元盛世"打下了基础。

二

仁政篇

以兹游观极，悠然独长想。披卷览前踪，抚躬寻既往。

望古茅茨约，瞻今兰殿广。人道恶高危，虚心戒盈荡。

奉天竭诚敬，临民思惠养。纳善察忠谏，明科慎刑赏。

——李世民

　　本章重点讨论治国之道。我国古代的治国理论，早在先秦时代就已经系统化、理论化了。在诸多理论中，以儒家的"王道"思想、法家的"霸道"学说、道家的"无为而治"主张最为系统。后来的统治者对其加工改造，一直作为治国施政的指导思想，对我国古代的治国实践产生了深远的影响。李世民的治国经验也吸收了前人治国的智慧。总的看来，李世民的治国方略，既融入了"以法治国"的法家学说，也有"为政以德"的仁政思想，还采用了"无为而治"的道家主张。李世民在扫除边患，统治天下之后，吸取了历史的教训，在"以法治国"的前提下，主要坚持了重视民生的"仁政"和"王道"思想，为贞观之治铺平了道路。

1 先存百姓，行尧舜之道

　　李世民登基之后，面对的是一个内忧外患的局面。外有北方的突厥部落的乘机侵扰，内有旧东宫余党、旧部树起反旗，举兵叛乱，国困民穷，大唐江山处于风雨飘摇之中。

　　要治国，先治心，也就是要理清正确的治国理念、治国方略。李世民总结历史经验，确立了崇尚儒学、效仿先贤的治国之道。

"为君之道，必须先存百姓。"

《贞观政要》全书的第一句话就是："**为君之道，必须先存百姓。**"在李世民留给李治的《帝范》中，开篇的首句依然是："**人者国之先，国者君之本。**"也就是说，没有百姓就没有国家，没有国家自然就没有君主，因此百姓是国家的根本，百姓也是国家这棵大树的根。"民惟邦本"，百姓为国家之根本，这是李世民治国的核心思想。实现这一思想，在治国方略上就是坚持行王道，施仁政。

行王道还是行霸道，在朝中有一次辩论。贞观七年，唐太宗说："**当今大乱之后，如何能够快一点实现致治呢?**"这是个治国的方针政策问题。

魏征是赞成儒家学说的，他主张治国要行王道，用教化。他说："凡人在危困，则忧死亡；忧死亡，则思化；思化，则易教。然则乱后易教，犹饥人易食也。"也就是说，百姓渴望天下太平，就容易接受教化，就像一个饥饿的人能吃上饭就容易满足一样。只要君主英明，对百姓实行教育感化，上下协力同心，百姓就会迅速响应，一年就可达到治理，"信不为难，三年成功，犹谓其晚"。

时任右仆射的封德彝主张法家学说，他说："(夏、商、周)三代以后，人渐浇(狡)讹，故秦任法律，汉杂霸道，皆欲理而不能，岂能理而不欲?若信魏征所说，恐败乱国家。"大臣中主张继续用霸道治众的人占多数。

魏征反驳道："五帝、三王，不易人而化。行帝道则帝，行王道则王，在于当时所理，化之而已。考之载籍，可得而知。"魏征认为，治与乱，不在民而在王。五帝(即传说中的黄帝、颛顼、帝喾(kù)、尧、舜)三王(夏禹、商汤、周武王)时候实现了治世，但百姓并没有更换。关键在于治理者，"五帝"实行了"帝道"(即无为而治)，他们就成为"帝"；"三王"实行"王道"(即对百姓行仁政)，他们就成为"王"。这是问题的关键，古书上的记载足以证明。

魏征与封德彝谈的都是治国，二人看法不同：封德彝认为民心狡诈，故用刑罚、霸道而治理，但结果欲理还乱，欲速而不达。魏征认为民心可教，关键在于君王要行王道，善待民众，应民所需，则乱会转化为治。李世民采纳了魏征的建议，并力行不倦，数年间，海内康宁，突厥破灭。所以李世民对众臣说："贞观初，人皆异论，云当今必不可行帝道、王道，惟魏征劝我。既从其言，不过数载，遂得华夏安宁，远戎宾服。突厥自古以来，常为中国勍敌，今酋长并带刀宿卫，部落皆袭衣冠。使我遂至于此，皆魏征之力。"施仁政，行王道，使大唐功业千秋永固。

儒家与法家对治国的不同看法，李世民自然是知晓的，他正确分析了国内的形势，已经处于"大乱之后"，是人心思定的时候；"民可载舟，亦可覆舟"，国君要顺水而行，顺民心而为，善待民众，精心治国。李世民对诤臣说，你们要"约朕以仁义，弘朕以道德"，坚持效仿先贤，走"以德治国"的"王道"，才能得到百姓的拥护，才能使大唐较快地从大乱走向大治。

实行仁政的理论依据是"民惟邦本"。贞观九年，唐太宗对侍臣说："治国犹如栽树，木根不摇，则枝叶茂盛。"说明了国家之根在百姓。唐太宗又说："惟（君）欲清静，使天下无事，遂得徭役不兴，年谷丰稔，百姓安乐。""**君能清静，百姓何得不安乐乎？**"这里的"清静"主要指君王要节俭，要寡欲，徭役不兴，不误农时，则百姓可以安居乐业。百姓安乐，则国家这棵大树，才能枝叶茂盛。君王治国务本，首先要考虑"百姓安乐"，少兴徭役则百姓安，不误农时则百姓乐。唐太宗学习了尧舜的思想，"古代帝王为政，皆志尚清静，以百姓之心为心"，而不是"惟损百姓以适其欲"。

以人为本，实行仁政，目标是建立一个天下大同的理想社会。

孔子施仁政的理想就是希望建成尧舜那样的"大同"社会。在《礼记·礼运》中，孔子说：

"大道之行也，天下为公。选贤与能，讲信修睦，故人不独亲其亲，不独子其子；使老有所终，壮有所用，幼有所长，矜、寡、孤、独、废疾者皆有所养，男有分，女有归。货恶其弃于地也，不必藏于己；力恶其不出于身也，不必为己。是故谋闭而不兴，盗窃乱贼而不作。故户外而不闭，是谓大同。"

李世民主张崇儒效贤，力求社会安宁，"徭役不兴，年谷丰稔，百姓安乐"，就是要实现孔子所提倡的理想社会。

② 知耻后勇，立志强国

行爱民之政，首先要强国。民不得安宁是因为国弱与战乱，国强才能民安。

《贞观长歌》中有一段李世民**牢记耻石**的故事。贞观初年，突厥颉利可汗的十几万铁骑已经秘密绕道逼近了长安，而当时长安的守军不足两万人，外地的唐军援救长安也需要时日，新建的大唐面临城破国亡的危险。

李世民临危不惧，采取了魏征的建议，即"你攻我城，我攻你心"，在攻心上用计谋。首先是乘着夜幕，令两万精兵主动出击，重创突厥三路军中较弱的一部之后，立即回师守城；城中多布旌旗疑兵，迷惑对手，为各路大军回援长安争取时间。其次是"借敌兵退敌"，采用了大臣范鑫"纳贡退兵"之策，就是带上大唐库藏里的全部财宝作为条件，与颉利议和退兵。于是李世民派范鑫为使，前去议和。八月三十日，颉利和李世民斩白马盟誓于便桥之上，议和退兵，使大唐获得了喘息的机会。

李世民回到长安郊外时，见到许多离乡逃难的百姓，内心愧疚；也见到了胡骑在汉武帝陵寝前新树的一根拴马桩。胡骑将拴马桩立在汉武帝的陵前，这是压在李世民心头一根巨大的耻辱柱。"汉武帝驱甲三十万，宣威朔漠，封狼居胥，将匈奴逐得无处藏身。而今，自己却向颉利纳贡，眼看着大唐臣民四处流落，朕真是无颜面对他呀！"这根耻辱柱也激起了李世民君臣强大的民族自尊心和历史责任感。

长孙无忌对侍卫说："差人把这根拴马桩搬走，立在这里，辱及先人，成何体统？"李世民一回头却说："不，留着它，这样好提醒朕不要忘今日之耻，总有一天朕要将它立到颉利的大帐前。"

从这一天起，这块记录着耻辱的石头就一直压在李世民的心头。他励精图治，推行了一系列强国方略。三年之后，由于唐太宗的内部和解，发展农耕，习武强兵，特殊训练飞虎军作为突击力量，对东突厥各部落采取分化安抚政策等，积累了实力，最后在定襄决战中，使颉利铁骑全军覆没，颉利本人被生擒，整个北部草原成了稳定的大唐疆土。

在中国历史上，"知耻而后勇"的最著名的典故就是"卧薪尝胆"的故事。《史记》中有一篇"越王勾践世家"，记载了越王勾践被吴王夫差打败，吴军包围了越国都城会稽。为了生存，越王勾践以屈求伸，向吴王表示："勾践请为臣，妻为妾。"吴王不顾伍子胥的劝阻，终于赦免了越王，撤兵回国。越王在吴国作人质两年，被放回越国。"越王勾践反国，乃苦身焦思，置胆于坐，坐卧即仰胆，饮食亦尝胆也。"他常自语道："汝忘会稽之耻邪？"越王经过前后十年的"卧薪尝胆"，发奋努力，终于强大了自己的实力；同时利用范蠡之计，离间了吴王与伍子胥的关系，联合了齐、晋、楚等诸侯，终于打败了吴国，成了新的霸主。

李世民不忘国耻，有强国之志，更有强国之策，并扎扎实实将强国计划付诸实施，这才使大唐的治理出现了转机。任何一个企业，乃至一个国家，都有自己苦难的历程。"忘记过去，就意味着背叛。"（列宁语）这句话告诉人们，永远不要忘记过去。民穷国弱，落后就要挨打。以史为鉴，凝聚人心，激励斗志，奋发图强，这是贞观之路留给后人的宝贵启示。

③ 打井抗旱，解决流民潮

李世民是个务实的皇帝，安民的第一个考验是制止流民潮。

征服突厥之后，北部草原大旱，旱灾也将漫延到关中地区。长安附近的武功，因长期无雨，人们喝的已是浑浊的泥水，有的人家已经出潼关往山东逃荒。据当时管气象的钦天官袁天罡推测："今年关中将会五个月不下雨，这将是一场百年不遇的旱灾。"李世民读过前隋的史料，大业三年（607年）关中137天无雨，粮食几乎绝收，关中百姓十亡之八九。如果真如袁天罡所言，今年关中的百姓恐怕都要逃光了。解决旱情，制止流民外出逃荒，是迫在眉睫的大问题。

隋之亡，就是起自遍地流民。李世民对房玄龄等大臣说："朕在长安，尚且阻止不住关中这股子流民潮，山东那些州县又如何能阻止得住他们？天下各州都饱经战乱，百万流民东进，如飞蝗漫野，他们走过之处，又会产生新的流民。到头来关中人口尽失，山东若再起纷乱，大唐将会是一副什么样子？"

君臣上下统一了思想，唯一的办法是朝廷出资，奖励人们打井抗旱，并多修沟渠，引泾渭河水，凭着这些井渠，保证百姓度过荒年。具体的措施是：动员关中百姓十户打一口井，一口井赏钱二十贯；后因粮价上涨，将赏钱调整为赏粮，三十石粮一口井。李世民派李恪督办征粮奖励打井修渠事宜，并授予便宜行事之权，同时设法从南方调集粮食过来，囤积备荒。

有了赏粮的奖励，打井修渠进展顺利，但征粮并非易事，难就难在有粮的关中大户不肯出粮。李恪只有动用皇帝给予的"便宜行事之权"，将长安城里的老亲王、老国公请出来，动员他们开仓放粮；李恪的五叔鲁王李元昌硬说没有粮，李恪调查清楚后，就派兵打开他们的粮仓运粮。经过百日奋战，终于修通了百十里的长渠，引来了渭河之水，打了数百口水井，百姓抗旱的信心坚定了。原定过了百日仍不见下雨，朝廷只好开潼关，放流民外出逃荒；而现在过了百日，天还没有下雨，房玄龄便去请示李世民，这潼关开不开关？李世民说："开吧，朝廷怎么能言而无信呢？"房玄龄亲自去了潼关检查，潼关的大门是打开了，但是一个逃荒的灾民也没有遇到。原来有了关中的遍地水井，这场大旱算是扛过去了。

魏征感慨地说：**"流民之害已越千年，没有一个朝廷能够治住。**如今这么大的天灾，大唐都可以让他的子民活下来，那么以后再遇到灾难，百姓还怕什么？心中不再存有畏惧，他们又何必四处流亡？如此，千年流民之祸可一朝解除，大害便化成大利了！"

如何对待自然灾害，也是每个国家走向富强过程中必须解决的问题。灾害关系到民生，关系到民心。我国是世界上自然灾害发生最频繁的国家之一。自然灾害给人民的生命财产和经济社会发展带来了巨大损失。据统计，2001—2008 年我国共发生地震 24 万起，沙尘暴、泥石流、山体滑坡、洪涝灾害等每年造成经济损失达 2 000 多亿元，直接制约着社会经济的可持续发展。针对全球气候条件变化、自然灾害增多的趋势，2011 年我国制定颁发的《国民经济和社会发展第十二个五年规划纲要》，就专设了"加强水利和防灾减灾体系建设"一章，将增强防洪能力，加强山洪地质灾害防治，提高检测分析与震灾防御的能力，作为经济社会发展的重大任务列入规划并付诸实施。这体现了"以人为本""执政为民"的科学发展的思想。

李世民抗灾留给后人的启示是：面对百年不遇的旱灾，最重要的是领导者的决心。有了决心，就有了动员民众的办法。真可谓"金银散民心聚，才现绿水青山"。民为本，顺民意，才有贞观大治。

4 贯彻"均田法"，实行"狭乡迁宽乡"

唐朝还是个以农立国的时代，以人为本，根本的是要解决土地问题。土地是农民的命根，解决了土地问题，就会赢得农民；赢得了农民就会赢得全国。我国在土地革命时期形成的这一理念，揭示了我国革命的一条规律，至今仍在我国的革命与建设中发挥着重要作用。所以，以农业为基础十分重要，每年我国政府的第一号文件必是研究"三农"问题，即农业、农村、农民问题。可在距今 1 300 多年前的贞观年代，李世民的执政策略就接触了这一根本问题：让百姓能有地种。

贞观几年之后，天下大熟，朝中许多大臣劝李世民去泰山封禅，感谢上苍；李世民吸取了隋炀帝安而忘危的教训，将封禅一议打住。他说："历来胜而易骄。天下真的太平无事了吗？贞观初年，率土荒俭，百姓却对朝廷没有丝毫怨言；而这几年，频岁丰稔，百姓的怨叹却越来越多，这是为什么？"李世民让各个部门认真到民间查一查，了解百姓的疾苦。这一查，查出了不少问题。

户部尚书韦挺汇报说："贞观初，关中百姓一年四季劳作不息，尚且有三年一逃荒；而现在呢，没有人逃荒不说，像武功那样的地方，男丁一年只消耕作两个月，其他时间便可享受清闲了。"韦挺的汇报意在替户部表功，李世民却从中看出了一个要紧的问题——狭乡人满为患！

关中地区人多地少。民以食为天，人无地何以为食？李世民说道："兴农桑的根本是让百姓有地种。"因政局纷乱，均田没能落实，各地土地多寡不均，宽乡几百里无人烟，狭乡人满为患。李世民说："地为万物之源，百姓活命的根本，狭乡迁宽乡这件事，朝廷要认真地办一办。不过千百年来，百姓都是故土难离，事情办起来会十分吃力，对这一点，应有所准备。"

狭乡迁宽乡，最大的阻力来自长安城外的权贵们。他们有的是皇亲，有的是功臣，占地多，势力大。李世民指定由太子李承乾专门负责这项工作。房玄龄为太子提出建议：先从南北宽狭地区召了十五位州刺史、县令到户部来，听取他们的陈述；然后制定律令，推而广之。太子认为很好，马上实行。

这十五位刺史中有位叫赵士达的泽州刺史。赵士达有着自己的算盘，他动脑筋率先在泽州做出成效，两个月就迁走了六千七百户，没有一个豪强闹事。这引起了皇帝的注意。通过均田法，这项几年未能推动的、解决百姓有地种的工作，总算初步见到了实效。据史书记载，**均田法实际是引导农民开垦荒地的一种方法。唐朝前期，均田法的施行曾对农业生产的发展起着积极的作用。**[1]

贞观时期的均田制和较轻的赋税制度，促进了农业生产；南北统一后，

---

[1]范文澜：《中国通史简编》（修订本），第三编，第一册，北京，人民出版社，1965。

加强了黄河、长江两大流域的经济联系，丝织等手工业、盐铁业、制瓷业、造船业、造纸业、制糖业等都得到了交流与发展；商业的发展，新兴的城镇、集市的出现，促进了经济的繁荣。其中，西京长安、东京洛阳都是当时全国最大的市，长安成为国际交流的中心。民以食为天，李世民在解除了内忧外患之后，坚持以静治国的方略，急民生之所急，使百姓得以休养生息，各展其能，多种行业并进，为唐朝中期的经济文化繁荣打下了基础。

⑤ 坚持国家统一的基本制度

　　"仁政"也离不开法制。处于春秋末期的孔子，面对诸侯争霸的现实，主张"克己复礼为仁"，就是主张恢复周朝的礼仪制度，以维持社会秩序。社会由乱到治，建立一个统一的国家，首先就要建立全国统一的制度，以及统一的法制。贞观之治，就是从维护全国统一的基本制度开始的。

　　隋文帝是中国历史上一位有作为的皇帝，他完成了中国的南北统一，建立了汉族的中央集权政权。他综合前代的各种制度，有沿有革，定成了隋制。**唐制就是沿袭了隋制。**

　　隋文帝建立的统一国家的基本制度包括：

　　官制。恢复了汉、魏旧制。中央官吏设三师（太师、太傅、太保，为一品荣衔）、三公（太尉、司徒、司空，皆虚职）、五省（尚书、门下、内史（中书）、秘书、内侍）。管理政务的机构是尚书省。尚书省置尚书令一人，左右仆射各一人，下设吏部、礼部、兵部、民部、刑部、工部等六部。

由六部尚书分掌全国政务，自隋朝定型，一直沿袭到清朝。全国官员的任用权都在吏部，地方长官不得自用僚佐，这有利于中央集权的加强。

礼乐制。皇帝祭天地、祭祖先，以及朝廷吉凶大事，皆有一套定型的礼乐制度，历代相传，成为中国皇帝的精神象征。隋文帝恢复了华夏正统礼乐，将前朝的周礼，修订成隋礼；以南朝的"乐"为基础，修订成雅乐，称"此华夏之正声也"。统一的礼乐使南北方的士族共同维系中华传统，从而在民族精神上统一起来。

兵制。全国通用府兵制。隋文帝恢复了兵农合一的府兵制，寓兵于农，平时生产，农闲受训。服役期间，免本身租调；战时征调，供给军需。

科举制。朝廷通过分科考试选拔官吏的制度。隋文帝令京官五品以上，地方官总管、刺史，以"志行修谨""清平干济"二科举人，按德才取士，改变了以往仅以文章取士的惯例。隋炀帝时定十科举人，创设进士科，以考试诗赋为主。过去依门阀高下做官，现被科举制所代替。

度量衡。全国统一度量衡，对王莽时代制定的古度量衡进行了彻底改革和统一。唐以后历朝的制度都溯源于隋朝。

在经济上，隋文帝厉行节俭，发展生产；全国推行均田法，规定了减轻徭役租调的课役法，实行的是一种宽政；置仓积谷，预防荒年；开凿运河，发展漕运；钱币统一，新铸五铢钱；发展商业、造船术等，从而使隋朝成为了一个富裕的朝代。

刑律。隋文帝定刑律，号称宽平。为了巩固南北统一的局面，隋文帝修订了刑律和制度，删去了历朝沿袭的酷刑，减少了死刑条款。新刑律规定，民有冤屈，得依次上告到朝廷；全国死罪囚，都得经大理寺覆按；**死刑囚要经过三次奏请**，才决定行刑。然而隋炀帝时，法令苛刻，民不堪命。唐朝废除了隋炀帝的法令，大得民心。房玄龄等定唐律，删繁就简，改重就轻。公元637年，唐太宗颁行《唐律》《唐令》。唐高宗时命长孙无忌撰《唐律疏议》，为中国古代流传下来的唯一律书。

隋朝在中国历史上虽然比较短，总共三十几年，但隋文帝善于总结前朝各国的历史经验，他对开创中国统一大业的贡献是突出的。西晋末年开始的国内分裂，经隋文帝的积极经营，形成了较为稳定的统一局面，使隋朝迅速走向富强。盛大的唐朝就是在这个基础上建立起来的。分则弱，和则强，国家统一才能走向富强。

在《贞观政要》中，多处记叙了唐太宗吸取隋炀帝骄奢淫逸、穷兵黩武、不顾民力、激起民反的教训，扭转重武轻文的传统，强调戒骄戒奢、居安思危、善始慎终、重在文治的思想，这也成为唐太宗新政的主要内容。

笔者认为，唐太宗有效地借鉴历史，是其继承了隋文帝的改革成果，坚持和维护了国家的统一，在国家的基本制度方面沿袭了隋制。李世民执政后实行新政，主要是纠正隋炀帝后期的苛政，坚持并发展了隋文帝时的文治宽政，同时对利于民众的政策法律坚决贯彻，身体力行，所以才有了贞观之治。

范文澜说：**"唐朝重要制度，都在贞观时期制定。这些制度基本上沿袭隋制，但也有所修改，使更适合于当时统治上的需要。"**① 李世民吸取秦始皇诛杀谏臣、二世而亡的教训，恢复了朝臣上疏评论朝政的制度，提倡纳谏之风，正是因为国家法律统一，才可以使官员据法议政。

有这样一个故事，李世民让百官评论朝政的得失，收到的奏章却净是些歌功颂德的文章。其中有一份奏章讲了些真话，评论了二十多项朝政，项项切中要害。李世民看的饶有兴味，可一看署名者却是左屯卫中郎将常何写的，不禁哑然。因为他知道常何并不识得几个字，一问才知是常何的门客马周代其写的。

李世民发现马周是个人才，吩咐常何把马周请来，让马周说说当朝理政最要紧的是什么。马周说："第一条是要守法。大唐开国以来制定了一系列的国家律令，这些律令虽不能说是尽善尽美，但是即已颁布就应恪守，而朝廷并没有做到这一点。"马周还说："自去岁以来，朝廷已连着提前征了两次租，通过加租，得到了一些粮食，却失去了法度的威严。有些无良的官吏更是借此大做文章，百姓承担不起，又怎能不生出民怨呢？"李世民想起晋城民变一事，就是起因于"提前征租"，于是点头说道："你说得有理，朝廷律令是理政治国的堤坝，掘开一个小口子，就有可能引发整个大堤的崩溃。朕是筑坝的人，却又自己去毁坝，间接引起了晋城的民变，教训深刻呀！"

---

①范文澜：《中国通史简编》（修订本），第三编，第一册，北京，人民出版社，1965。

这个故事说明了唐朝的法制面临三个问题：一是朝廷确实制定了一系列的律令。马周当时还没有入朝为官，只是一个普通的读书人，了解一些下情，自然也知道些朝廷的法律，所以才能够提出朝政存在的问题。二是李世民也犯了有令不行的过失，如提前征租，虽然是为了应付边地战事而不得已这样做，但其后果是"使法度失去威严"，如同李世民所说的"自毁治国的堤坝"。三是若使法令得以实施，关键是各级官吏，而这一点正是唐朝法治执行不能彻底的根源。

李世民坚持国家统一的基本制度，是贞观以法治国的基础；李世民提倡谏风，敢于从自己做起，严格执行法律律令，并能知错就改，是贞观以法治国得以贯彻始终的重要因素。

6 治国先治吏，惩治贪官（一）

孟子说："桀纣之失天下也，失其民也；失其民者，失其心也。得天下有道：得其民，斯得天下矣；得其民有道：得其心，斯得民矣。"（见《孟子·离娄章句上》）这就是说，执政之要，在得民心，得民心者得天下，失民心者失天下。

李世民是重视民心问题的。他一反隋文帝"重武轻文"的先例，崇尚儒学，效法先贤，谨慎施政，经常"询访外事，务知百姓利害、政教得失"。"志尚清静，以百姓之心为心"。但要将这一理念落到实处，其实并不那么简单。不仅国君要有"民惟邦本"的意识，各级官吏的作为也很关键。

官吏要切实履行忠君保民的责任，不倚仗权势欺压百姓，政权才能得人心。

唐朝史官吴兢在《贞观政要》中说："官吏多自清谨，制驭王公妃主之家，大姓豪猾之伍，皆畏威屏迹，无敢侵欺细民。"官吏豪族能够"畏威屏迹"，不敢"侵欺细民"，说明治吏是严的，这也是贞观之治的一个特点。

李世民觉察到，国家虽已安定，但民众怨情反而日益增加。李世民在与马周讨论民怨问题时，马周说："**治国之要，在于用人！** 皇上重视对内官的选用，却对县令、刺史颇轻其选。""仅以刺史为例，十之五六是武夫勋臣，或者是从京官不称职中淘汰下来的，真正德才兼备的能臣很少。"这些人要么没有理政的本领，要么没有做官的操守，由此引起的靡费无法计算，最终都落在百姓的身上，民怨就从此而来，朝廷失人心的危险也就从此而来。

李世民说："这一条就更要害了。代天子在各地行政的是刺史、县令，再好的政策也要他们来落实。"因此，治国先要治吏。贞观时期实现由乱到治，就是不断淘汰贪官庸吏、启用贤能干臣的结果。举贤用能的问题，我们准备另辟专章叙说。本节以李世民以法治贪、依法慎刑为例，说说李世民治吏的情况。

还是从泽州的事例上说起。长孙无忌和大将军李靖从定襄南行，一行人换了便装，到达了泽州地界，亲见了县衙无理毒打来衙门说理的百姓；他们是路过的，因帮着说了句公道话也被捕到县衙，并不分青红皂白，要一律用刑吃板子。直到长孙无忌拿出所带的印盒，县令知是长孙大人，他们才得以幸免。这就是下面的实情。而这个县令的后台就是泽州刺史赵士达，一个红得发紫的"好官"。

赵士达曾是大将军李靖的旧部，参加过并州起兵，从军多年，现任泽州刺史，为四品大员。朝廷为应对突厥，保证大军用粮，提出"提前征租"，他们借此曾逼得百姓造反，围了晋城府衙，并发生了命案，最后将责任全部推到了县令崔贤头上了事。朝廷动员狭乡迁宽乡，赵士达嗅到了这是可以一箭双雕的机会，即迁走几千户的百姓到宽乡，不但可以倒腾出大片良田来，还可以捞到政绩，从朝廷那里大捞一笔钱财。于是他创造了狭迁宽的"政绩"，以此为晋升之梯，争取坐上京兆尹的宝座，同时采取手段，打通关节，跑官要官。赵士达的手段获得了成功，主管狭迁宽的太子李承乾将泽州推荐给皇上，泽州成了狭迁宽的模范；朝中重臣也被赵士达的俭朴外表所迷惑，称赵士达是"天下第一廉吏"，时任吏部尚书的侯君集则推荐赵士达为京兆尹的合适人选。

李世民是一个聪明的皇帝，当所有人都说赵士达是个好官时，他产生了疑心。京兆尹的位置十分重要，用错人那可非同小可。所以李世民要派一个自己信任的人去考察一番，这个人就是平民出身的科举状元闵国器。皇帝因他性格狂狷，有意放他到边远的黔州当县令磨砺了四年。闵国器带领百姓开垦荒地，百姓说他是个清官。皇帝认为闵国器缉盗屯田有办法，是王佐之才，该起用了。所以先任闵国器为泽州司马，为六品官，同时也想试一试闵国器的才干和品行。于是李世民与闵国器进行密谈，让他到泽州后，设法替他弄清赵士达是真好官还是假好官。

与马周在泽州不同，闵国器到泽州后，其行迹随意放荡，走赌场，上妓院，从而通过了赵士达的严格监视和考验，证明了他与赵士达是同路人，取得了赵士达的信任。赵士达还设下圈套，要让自己的四夫人玉莲与酒后的闵国器撕扯，以抓住闵国器的把柄。闵国器是很清醒的，他喊出躲在幕后的赵士达说："我一个六品司马，也值得大人使美人计？"赵士达说："老夫并无恶意，只是要结纳司马共谋大事罢了。从今儿个起，咱们就算是拴到一根绳上了。"

魏征要来泽州，对狭乡迁宽乡进行验收。赵士达自然心虚，知道魏征是个六亲不认的人，了解到闵国器与魏征有交往，决心借助闵国器这个梯子巴结魏征，希望魏征来泽州能给他下个满意的评语，于是备了五百两黄金并书了一封巴结魏征的信，让闵国器带几个随从从泽州赶赴长安。闵国器秘密觐见李世民，交出了那五百两黄金和信。李世民万分震怒，这个"天下第一廉吏"才得以真相大白。

7 治国先治吏，惩治贪官（二）

赵士达是个老于世故的狡猾的贪官。狭乡迁宽乡的阻力在于豪强，赵士达想出了一个法子，就是一个字——"骗"。他和泽州的豪强联起手来，让他们表面上都迁到宽乡，暗地里却把他们在狭乡的土地又以让人觉察不到的方式悉数奉还，让他们既不失去狭乡的地，又白得了宽乡的田。这样，上瞒住了朝廷，下瞒住了百姓，一举两得。两个月的时间，泽州就迁出了六千多户，没发生一起豪强闹事。所以受到主管狭迁宽的太子李承乾的赞赏。

赵士达以此为晋升之本，得知京兆尹的官位有缺，于是用心打通各道关节。俗话说，朝中有人好做官。赵士达看准了赋闲在家的将军——薛国公长孙顺德，他是长孙皇后的叔叔，太子李承乾对长孙顺德也十分恭敬，魏王李泰与他的关系也很密切。赵士达本人与长孙顺德有过旧交，在战场上还救过他的命。赵士达的全部计划就是从**收买长孙顺德**开始的。长孙顺德善于弓马，喜好狩猎，于是赵士达特意为他在泽州圈了几十顷的地，放养野猪等猎物，并将地契列在长孙顺德家奴的名下；长孙顺德好女色，赵士达甚至不惜将自己的娇妾四夫人玉莲拱手相送；长孙顺德心感有愧，于是服服帖帖地被捆在了赵士达的车上，凭着老脸为他说情，替他跑官效劳。

长孙顺德先在主管狭迁宽的太子处给赵士达引路，送上赵士达备的几样古玩，价值巨大。李承乾认为能拿出这么多钱送礼的必是贪官。侯君集说，赵某人是个贪官，却也是一个有本事的官，拒绝了他，就会被魏王拉过去。李承乾只好接受了这份厚礼。买通了东宫，长孙顺德又凭老脸找魏王李泰，李泰总算答应不坏赵士达的好事。

赵士达精心钻营，"投其所好"，通过蒙骗、诱惑，编织了巨大的关系网，构筑了自己的保护伞，所以才得以为所欲为。朝廷刚刚下了旌表，表彰泽州在狭迁宽中的成绩，现在突然又揭出赵士达是个大贪官。对这个两难的问题，朝廷决定速派一位大员往泽州核查真伪，避免事态扩大。

查泽州，涉及太子李承乾。长孙无忌提议派长孙顺德出使泽州。因为他

读贞观 学管理

是太子和魏王都可以接受的人选。李世民点头算是同意了。

太子李承乾派人请来长孙顺德,让他把赵士达这些古玩给退回去。长孙顺德说:"事情到了这一步,你一转身就不管了吗?"侯君集在一旁开口道:"这一箱子破玩意儿把你和我们绑在一起了。这次去泽州,你可得塌下心来替太子也替你自己把事情弄平整了。不管你用什么法子,先让这个赵某人把口闭上!"**看来揭出一个赵士达,却牵动了整个朝廷。**

李世民还派了一个清正廉明的干吏郑仁基去任泽州别驾。郑仁基刚准备去上任,长孙顺德已快速到达了泽州,宣读皇上圣旨:"查赵士达重贿接纳权贵,着革去泽州刺史一职,由长孙顺德接任,并严查其所纳金之来源。"赵士达被打入大牢。抄了赵士达的家,结果却一无所获。而赵士达也不是那么好对付的,他从长孙顺德的门房处先知道了消息,就写了一道供状,让他儿子抄了一份秘密前往京城。他对长孙顺德说:"只要我死了,我儿子就会把这状子拿出来呈递到朝廷里去,你可就有好瞧的了。"状子上写的是:我赵某当刺史这些年,一共贪了八十三万七千四百六十两,一半存在泽州,一个你们谁都不可能想到的地方,那钱是留着我下半辈子享用的;另一半存在长安,你们这些达官贵人的家里,就是要让你们保我平平安安地享用那一半钱的。你们谁敢动我,大家一起玩完。赵士达对长孙顺德说:"现在你只有一条出路可走,那就是保住我,保住我就是保住你自己。"

长孙顺德为了保自己,反要请教赵士达怎么办。赵士达说:"要想事情有转机,除非把那位卖了我的闵国器请进这儿来,只有把他染黑了,我才能漂白呀!非得弄他一个谋反之罪才管用!"于是,长孙顺德与赵士达设计陷害闵国器:由当地富豪梁豹子诬告闵国器敲诈其五百两黄金,去长安赎一个相好,这个相好是旧东宫前隐太子的乐师裴士典的女儿,在京城唱追怀东宫的反曲,要进行谋反。据此,长孙顺德将闵国器打入大牢,并以"谋反"为由,关押了数百人。

郑仁基刚到泽州上任,发现了赵士达逼供的带血的刑具,知道泽州有冤情。这引起了长孙顺德的怀疑,于是长孙顺德策动囚犯越狱,在乱中杀了郑仁基和闵国器灭口。

李世民知道泽州出了冤案,而冤案的背后还涉及朝中大臣,于是密召魏征,让魏征带一百宫中侍卫悄悄出京,昼夜兼程去泽州再查此案,把住泽州大牢，不许再死一人。魏征密奏皇上，根源在赵士达。皇上已经派马宣良带谕旨到了泽州，亲解赵士达进京审讯。后来，赵士达在刑部大牢里被杀，泽州受冤的百姓才陆续有人翻供，从而使泽州冤案真相大白，百姓的冤情得以昭雪。

李世民下令革去长孙顺德的刺史头衔，把他押解回京候审，牵进泽州一案的官员三十多人都受到了处理。李世民依法治吏，使"官吏多自清谨""无敢侵欺细民"，使贞观出现了政治清明、社会安定的局面。

李世民处理贪官赵士达和长孙顺德的事例，对今天的我们依然有许多重要的启示。盛世的实现，离不开惩治处理各种贪官。

一棵参天大树，若任蛀虫啃咬，终必枯萎；一个国家，若任腐败毒瘤蔓延，终将走向衰亡。流水不腐，户枢不蠹，就是因为它们在不停地运动中抵抗了病菌的侵蚀。因此，只有不断清除蛀虫和腐败，基业才能长青。为了大唐的江山，李世民对关键岗位的官吏的选拔是很慎重的，对于侵害百姓的朝官，一经查实，惩处也是十分严厉的。通过"狠打"，使官吏"畏威"而不敢妄为，以保证治政的清廉，这在贞观年代是成功的。但要说从根本上制止腐败的发生，在封建帝王专制的社会里，是不可能的。

清朝的乾隆时代，也是一个盛世。乾隆治理贪污腐败，被公认为是清代历朝中决心最大、执法最严、被惩处高官最多的。律法规定，贪污白银千两要被处斩；被惩处的高官，仅总督、巡抚因腐败而被立案查处者就有 30 多起，丢命的高官也有 20 多名。但是，贪污腐败依然不能被扼制。因为在封建帝制下，腐败是体制性的，私有制与家天下就是腐败的根源。乾隆也许没有想到，也许不愿承认，他自己就是腐败的重要源头。家天下就是说，皇帝的最高权力是不被约束的，各级州县也上行下效。治理腐败要靠权力的监督，还要靠民主制度的建立，在那个时代这些是无法做到的。

我国建立了人民当家做主的社会主义政权，人民当家做主是社会主义的本质特征。1945 年，毛泽东在回答黄炎培如何防止国家政权腐败变质，跳出"其兴也勃焉，其亡也忽焉"这个周期律的提问时说："只有让人民来监督政府，政府才不敢松懈。只有人人起来负责，才不会人亡政息。"共产党执政的实质，就是领导、支持和保证人民当家做主。新中国成立初期，我党及时处理了刘青山、张子善的腐败案件，党风政风一片肃然。

今天，在社会主义市场经济条件下，我国已由单一的公有制经济转变为多元化的复合所有制经济，实行公有制为主体、多种所有制经济共同发展的基本经济制度，这是符合我国国情的。但是，社会上以公谋私、权钱交易的现象仍不可避免，腐败现象也处于易发、多发时期。例如，利益的诱惑，体制的漏洞，监督不力，权力被滥用，给腐败的滋生提供了空间；一些人的理想信念动摇，道德观念不清，被腐朽思想侵蚀，唯利是图，不顾廉耻，不讲人格，走向堕落等等。党中央把反腐倡廉作为关系党和国家生死存亡的重大政治任务，并始终把这一任务放在更加突出的位置，坚持标本兼治、综合治理、惩防并举，建立健全惩治和预防腐败体系，完善教育、监督制度，这对防止权力滥用、遏制腐败现象发生起到了重要的作用。

根据中纪委的通报，2010 年，我国纪检监察部门处分县处级以上干部5 098人，其中移送司法机关的县处级以上干部 804 人；给予党纪处分的11.95 万人；通过查办案件挽回经济损失 89.7 亿元。从查办案件的统计数据来看，2010 年受党纪处分人数占党员总数的比例为 1.5‰。① 尽管党员干部队伍的主流是好的，但腐败的影响也是不能忽视的。另据报道，2010 年全国有 11 名省部级高官获刑：广东政协原主席陈绍基因受贿近 3 000 万元被判处死缓；浙江省纪委原书记王华元因受贿罪被判处死缓；国家开发银行原副行长王益因受贿 1 196 万元被判处死缓；公安部原部长助理郑少东因受贿826 万元被处判死缓；吉林省人民代表大会常务委员会原副主任米凤君因受贿 628 万元被判处死缓；最高法院原副院长黄松因受贿 390 万元被判处无期徒刑，他是新中国成立以来全国法院系统因贪污腐败而落马的最高级别官员；中国核工业集团原总经理康日新因受贿 660 余万元被判处无期徒刑等。② 被判处死缓或无期徒刑的省部级高官，涉及中央、地方政府以及国家的银行、企业集团等高级部门，说明了我们党对于反腐倡廉的高度重视，对于遏制腐败、执政为民的坚强决心。尽管如此，社会上的腐败行为仍呈不断蔓延之势，损害着党和政府的公信力，不能不让百姓忧虑与揪心。但是，走向现代化是个长期的过程，我们相信党中央的领导，相信改革发展中的问题

①邢世伟：《中纪委称 2010 年共处分 146 517 人，驳斥反腐无用论》，载《新京报》，2011-01-07（7）。
②佚名：《中国去年 11 名省部级腐败高官均获无期以上重刑》，中国新闻网，http：//www.chinanews.com/fz/2011/01-27/2816561.shtml，2011-01-27。

一定能够靠进一步的改革与发展来逐步解决，对于腐败现象也是一样。

⑧ 信守承诺，冒险会盟

解决民族矛盾，不仅要靠智慧，更要靠胸怀。施仁政，首先要求执政者要恪守诚信，有比任何人都宽广的胸怀。

自武德九年"便桥之盟"后，李世民卧薪尝胆，发展经济，使国力渐渐强盛。经过几年的努力，大唐在北部边防已有了几十万大军，同时又秘密训练了精锐铁骑飞虎军。李世民与李靖等密商破虏之策，准备择机北伐。

此时北部的颉利可汗，因排斥异己，内部矛盾激化。面对颉利的欺压，二汗突利、**铁勒部**的契苾何力、**薛延陀部**的夷男，三人感到有倒悬之危，所以暗中结盟，决定联合李世民共同对抗颉利，并派出夷男化妆南下进行联络。

李世民听到这个信息，心想：北伐在即，如果这是真的，那可实在是天助大唐。对方出于担心，要求李世民到边界来亲自会盟。这样做的风险自然很大，朝臣中也产生了强烈的质疑。

李世民经过分析，相信突利等人确有会盟的诚意，决定冒险去见突利。他对大臣们解释说：北伐，大唐必胜，朕坚信不疑。但是**打败颉利铁骑之后，有个收拾民心的工作**。突利手下尚有五六万兵马，咱们拒绝了突利，失掉了这颗送上门的心，将来又怎么能赢得草原上那几百万颗百姓的心呢？

送走夷男，李世民决定，由他带长孙无忌去边地云中，令太子监国；同时派魏征加速筹运粮草，会盟完毕后即择机北伐。

李世民秘密北巡，一行扮作商人，欲到云中附近与突利会盟。李世民深知这次会盟风险巨大。他派张玄素先去与夷男联络，为防不测，还密派李靖到并州一带统兵策应。为了遮人耳目，他们走往来的商道，从而比较顺利地到达了边镇马邑城外。不料此时的马邑被颉利派大军包围着，颉利的世子施罗叠被唐军的斥候捕获，押进城内，颉利担心施罗叠的安全，未能马上攻城。李世民他们在城里整整被围了七天，通过观察城外敌军的动静，李世民发现北门外的敌军已呈现松懈，于是决定乘夜从马邑北门突围。他们巧妙地获得了成功，终于来到了突利大营。

突利万万没有想到大唐天子竟如此信守承诺，冒死深入绝地来和自己会盟盟誓。于是密约契苾何力和夷男到场，杀了白马，歃血为盟。老谋深算的突利在盟誓之前，对李世民提出和亲的要求，说："胡汉杀伐已经多年，虽然我等愿与陛下结盟，但百姓终归旧怨未泯。为了将来彼此真的能够和睦相处，你我能否结为儿女亲家？"李世民说："这是好事，我当然是乐观其成。"这样，二汗突利与大唐和亲了。夷男代表薛延陀部，提出要娶安康公主为妻，李世民最后也同意了。盟约很快商定了，李世民已经隐约感到，战争胜负的天平已向自己方面倾斜了。

这次会盟为大唐的胜利赢得了转机，在突利、夷男的配合下，唐军实施以攻为守的策略：在正面派出强大兵力攻打定襄，胶着厮杀；另用超强的精骑迂回敌后，直捣颉利龙庭，使颉利大败被俘，一举全胜。

摧垮了颉利的二十万铁骑，争取了突利等部落，整个草原游牧部落都成了大唐的子民。国家的统一为胡汉的民族融合奠定了基础。

李世民在处理胡汉民族关系的问题上，坚持信守承诺的原则。颉利被打败后，草原部落归附大唐，李世民在颉利故地设了十个都护府，都督由当地部落首领出任，唐不另派汉族官员；尊重民族习惯，由本民族自己解决问题；对周边的少数民族，李世民采取了诸葛亮对待南蛮孟获那样的恩抚政策，争取民心的归附，结束了征战与仇杀的历史，开创了尊重信赖、合作两利的新时期，为后世处理民族问题提供了借鉴。

新中国成立以后，在处理汉族与少数民族关系的问题上，我国实行了民族区域自治的政策，诚心诚意帮助少数民族发展经济建设和文化建设，得到了各族群众的衷心拥护。全国共成立了广西、宁夏、内蒙古、新疆、西藏等五个省级的民族自治区。民族区域自治的政治制度，对于保证国家的统一和领土的完整，保障各民族的平等权利，增进民族团结，促进各民族经济文化的发展，发挥了重要作用。

9 大邦胸怀，视胡人如一家

定襄战役胜利后，北部草原各部落已经臣服于大唐。但是颉利所在的草原，遇到了百年不遇的干旱。严重的饥荒，已到了人与人相食的地步。**如何解决草原上几百万人的饥荒问题呢？**

中书令温彦博提出一个方案："将部分人口内迁，耕于多年战乱荒弃之地。到今秋他们就可以自给。"李世民认为："这个法子似乎可行。"

魏征提出反对："百万之众内迁，数年之后，滋息过倍，居我肘腋，甫迩王畿，这是自埋祸根呀。"他还说："晋司马氏也曾迁徙胡人到中原，终至永嘉之乱，前车之鉴不可不察！"

李世民知道魏征说的不是凭空妄语，晋永嘉五年（311年），内迁的匈奴攻陷了洛阳，掠走晋怀帝，纵兵烧掠，杀王公、士民三万余人，直接导致了西晋走向败亡。从那时起，历代汉族政权都没有提出让胡人内迁的主张。但李世民更知道"恶虎伤人"的道理，如果他们没有了生路，就只能铤而走险。永嘉之乱，晋怀帝内迁胡人是个表象，真正的乱源是边吏百般虐待胡人，使他们怨恨之气透入骨髓。现在胡人已经归顺大唐，那么胡人已是大唐的臣民，如何平等地对待胡人，逐渐化解千百年间形成的民族歧视和民族仇恨，以博大的胸怀容纳胡人，做到胡汉一家，才是长治久安之关键。

李世民说："**唐若是能反晋之道而行之，对胡人真正做到爱之如一，他们未必不会怀德相附。**"左右权衡之后，李世民决定内迁草原饥民。

上百万人的内迁，是自古以来都没有的事情。李世民点将，让长孙无忌负责此事，在春耕之前先内迁十万户；同时派张玄素负责联络各部头领处理灾民南迁和划分州界的事宜。李世民封突利为北平郡王；夷男的地区受灾严重，只要他愿意南迁，也封他为郡王。

草原受灾百姓内迁后，牧民由**放牧为生**改为**耕种农桑**为生，突利提出了很多中肯的建议。李世民告诉突利，朝廷已经准备好半年的粮食，可以保证南迁百姓秋收前的生活，划出来给他们耕种的土地多是良田，各州县还安排了专人向他们传授耕种的技术。突利感慨地说："陛下说要对我草原各族爱之如一，臣看，您对我们岂止是爱之如一，是亲过骨肉！这么多人南迁，这可是开天辟地从未有过的盛举，陛下的功德一定会永远铭记在各族臣民的心里。"

胡人内迁得以落实，草原的饥民得到安置。李世民的民族融合的开放政策，以及对胡人的恩抚政策，为华夏各民族的团结做出了贡献。

10 战将阿史那思摩归唐

要使国家不再战乱不已，不再生灵涂炭，还要用真诚感化突厥的战将，使他们诚服归唐。李世民说服阿史那思摩就是成功的一例。

阿史那思摩是颉利手下的一个天才战将。定襄战败后，颉利被俘，阿史那思摩也只剩下两千人马。他认为唐军绝不会放过自己，于是**设计了一个突袭长安的计划**，以证明阿史那氏的骑兵不是徒有虚名的。他将全军化整为零，混在南下逃难的饥民中，约定到指定地点后再集合起事。

一天，长安城门一开，塞外来的流民潮水般地拥了进来，充斥了大街小巷。

李世民视察了饥民情况，他想："去岁大唐风调雨顺，怎么会有这么多饥民？十多万人从千里之外悄无声息地进入了大唐腹地，一个早晨就遍布长安，他们能全是手无寸铁的饥民吗？"

警觉告诉李世民，敌人已经打进长安了。到了天黑，藏在这十几万流民中的那支精兵，就一定会趁夜纵火起事，而敌人又兵民难辨，让人投鼠忌器，说不定到了明天早上，长安城只怕要化为一片瓦砾了。

李世民立刻任命侯君集为左卫大将军，负责击退混在长安城饥民中的那支伏兵。侯君集的办法是"涸泽而渔"：唐军在城外开了二十里的粥铺，沿途布满粥棚，真正的饥民都挤着出城门食粥去了，从而使那些混在灾民中的敌军逐渐现出了原形。最后，侯君集带数十兵丁穿过雨幕冲进了城外的一座古庙，一拥而上，把正在看《汉纪》的阿史那思摩围在了中间。

侯君集朗声说道："阿史那思摩将军，你已山穷水尽，还不就擒？"阿史那思摩拔出佩剑就要刎颈。一个身影从侯君集身后蹿出，一手抓住阿史那思摩的手腕，一手抓住剑刃，大喊："将军！"血已从手掌中流出。

阿史那思摩说："一个异族将军的死活与阁下何干？"那人说："将军身负淮阴、卫霍之才，本该续写他们的辉煌，这么一走，《汉纪》岂不成了英雄之绝章？你能孤身杀入长安，这不是英雄，谁还敢说自己是英雄？"这个人就是唐朝皇帝李世民。阿史那思摩的侄子阿史那忠，一见是李世民，马上一剑刺来。侍卫马宣良一剑劈去，但李世民躲闪不及，小腹已被刺伤。侯君集气得要立斩阿史那思摩叔侄。李世民忍着腹痛，说道："谁也不许动他们一根汗毛，违令者斩！"

李世民回宫后，在承庆殿接见了阿史那思摩叔侄，他不记前仇，对阿史那思摩将军表达了由衷的赞赏之意，说道："将军以两千败卒尚能驱驰万里杀入长安，如果假以十万大军，那这场战争败的就是朕了。朕深爱将军之才，真希望将军能出来辅佐朕，使得国家不再战乱不已，不再生灵涂炭。"

阿史那思摩说："请赐我叔侄一剑，全我等之忠节。"

李世民说："大河两岸，长城内外，原本就是一家。朕的母亲是鲜卑人，朕的皇后是鲜卑人，在朕心中，从来就不分什么胡汉。胡汉之争，已经让这个国家经受了无数的战乱，将军是阿史那氏中的大智者，心里却还抱着这样的陈腐之念，不该呀。朕虽爱将军之才，但如果将军一定坚持，朕也不强求，你可以回草原去，三年之后，你只管再来和朕放马一决。"阿史那思摩陷入了沉思。

李世民没有失信，过了几天，他备好马匹川资，连同在长安俘虏的两千多人，一并交给了阿史那思摩，并派侯君集给他送行。李世民说："阿史那将军，虽然朕已经说过任你来去，但是朕着实爱惜你的才能。今日一别，不知何时才能相见，来，朕送你一杯送别酒。"阿史那思摩将酒一干而尽。

李世民从阿史那忠手中接过缰绳，看着阿史那思摩道："让朕来为将军牵马！"阿史那思摩被李世民的真诚所感动，走了一程又返转回来，滚鞍下马，含泪说道："陛下的胸怀让阿史那思摩实在难以舍弃，我叔侄向皇上请罪，从今以后，愿追随陛下左右，以效死命。"李世民一把扶起阿史那思摩说："吾得阿史那将军，如刘玄德得关云长矣！从今日起，朕封你为右武侯大将军。""阿史那忠，朕见你是个出色的武士，留在朕身边做侍卫吧。"

由于李世民的机智与大义，不仅制止了阿史那思摩偷袭长安这场未遂的动乱，而且感化阿史那思摩诚服大唐，成为大唐的一位忠勇的将军。

李世民博大的胸怀也体现在对待被俘的颉利身上。颉利是李世民最恨的对手，也是他所佩服的劲敌。颉利被押解到长安，李世民宣布，三日内将颉利在东市问斩，他亲自观刑。但颉利并不服输，还期望着他的儿子、他的族人东山再起。

长孙无忌坚决劝阻说："请皇上收回成命！"他解释说："长缨毕竟是摧毁不了仇恨的。在这个世界上，仇恨才是最锋利的武器。"长孙无忌回顾了汉武帝对突厥征而不服的历史，阐明让草原迅速安定下来，应该有勇气赦免颉利！

李世民被深深打动了："你说的对，我们是应该拿出最大的勇气来，摒弃仇恨，维系大局。"李世民对群臣说："如何处置颉利，表面看来是一个人的生死问题，实际上却是如何对待整个阿史那氏的大政问题。为了胡汉两族再不相互屠戮，体现我泱泱大国的仁德风范，朕主意已定，赦免颉利！"

李世民不计前仇，封颉利为右卫大将军，虢州刺史。贞观八年，颉利在长安病死。李世民追封颉利为归义王。

让出良田，安置草原上的灾民；善待突厥各部族首领；用天下一家的大唐胸怀感化胡民；化解了数百年来民族争杀的仇恨，实现了胡汉休兵止战，和睦相处。这就是李世民所施的"仁政"。

后来，唐朝又与西南的吐蕃国和亲，将文成公主嫁给了吐蕃首领松赞干布，使得唐朝边疆空前安定，使贞观的治世进入了最辉煌的阶段。

11 ◆ "欲行大信于天下"

按照儒家的理念，行仁政，就是要以德治国，君王要以仁德施予天下。

贞观初年，唐太宗李世民对右仆射封德彝说："朕常以魏武帝多诡诈，深鄙其为人。""朕欲行大信于天下。"

孔子主张，"为政以德"，要"言忠信，行笃敬"，"君子讲大信，不拘泥于小信"。所守的诺言符合道义，即为大信。诸葛亮也说过："吾统武行师，以大信为本。"（见《诸葛亮集·谕参佐停更》）

李世民"欲行大信于天下"，表示**将诚信作为治国执政之基，作为处理君臣关系、民族关系的根基**。民族和睦是国家安定的一根支柱。坚守诚信原则处理民族关系，上一题中已经述及。本题我们将重点分析李世民以诚信原则处理君臣关系的问题。

坚守诚信，君臣一心，为国立基。

礼仪诚信，言行如一，是君王之大德，是立国之根基。贞观年间，李世民君臣以诚信的原则检点言行，构筑国家的道德根基，留下了许多佳话。

"礼义廉耻，国之四维。"（见《管子》）礼仪诚信是以德治国的基础。贞观十年，魏征上疏说："臣闻为国之基，必资于德礼；君之所保，惟在于诚信。诚信立，则下无二心；德礼立，则远人斯格。然则德礼诚信，国之大纲，在于君臣父子，不可斯须而废也。"

诚信首先体现在言行一致。说出的话要兑现，不能失信；发出的令要贯彻始终，不能半途而废。因此，魏征以此检点唐太宗的治政，大胆指出仍存在的问题。魏征说："行王道十多年了，威力遍及全国，万方朝拜，国库充实，政绩是显著的，但是道德没有更加深厚，仁义没有更加广博，为什么呢？""由乎**待下之情**未尽于**诚信**，虽有善始之勤，未睹克终之美故也。"魏征还举出"未尽于诚信"的表现及其危害，唐太宗阅览之后很受感动。

唐太宗与侍臣说："孔子曰：'民无信不立。'昔日项羽已经进入咸阳，已经控制天下，如果他能大力推行仁信，谁能夺去？"其意思是说，百姓不信任国家，便不能立国。从前楚霸王攻入咸阳，已经控制了天下，如果能够推行仁信，谁能和他争夺天下呢？项羽因为无信，失去民心而败；刘邦因为推行仁信而得民心，所以得了天下。可见，能否坚持诚信，关系民心向背，关系国家安危。守信重德，以德和民，才是执政的基础。

君臣守信，君待臣以礼，臣事君以忠。

李世民坚守诚信原则处理君臣关系是一贯的，这是贞观之治的一大特点。我们试举例加以说明。

贞观三年，唐太宗要求侍臣要敢于评论朝政，说："自今诏敕疑有不稳便，必须执言，不得妄有畏惧，知而寝默。"贞观五年，唐太宗说："（君臣）义均一体，宜协力同心，事有不安，可极言无隐。倘君臣相疑，不能备尽肝膈，实为国之大害也。"贞观六年，唐太宗对侍臣说："朕常读书，见（夏）桀杀关龙逢（因直谏而被杀），汉（景帝）诛晁错，未尝不废书叹息。公等但能正词直谏，裨益政教，终不以犯颜忤旨，妄有诛责。""公等为朕思隋氏灭亡之事，朕为公等思龙逄、晁错之诛，君臣保全，岂不美哉。"可见李世民待臣以礼、诚心纳谏是始终如一的。事实上，真正实践这一条，无论对臣，还是对君，都是十分不容易的事。

臣事君以忠，表现之一就是敢于匡正君王之过。魏征就是这样的忠臣。魏征是谏议大夫，品评朝政是自己的职责，直言上谏两百余条，李世民以魏征为"防己过"的一面明镜，认真思索、采纳魏征的建议。例如，魏征向李世民提出了"偃武修文，抚民以静"的政治方略，对稳定政局、重振经济起到了明显的功效。魏征也是个直臣，性格耿介，疾恶如仇。他也有冒死犯颜直谏的时候。贞观后期，李世民有些好大喜功，心思也往玩乐上用多了，甚至不务朝政，行猎无休，对佞臣的阿谀奉迎颇感得意。魏征已近暮年，仍要用"古人以死相谏"的精神，提醒唐太宗做到"慎终"。

有一次，唐太宗未上早朝，原因是"龙体欠佳"。实际是约了尉迟敬德去打猎，但尚未出发。于是，魏征就以敬献李世民让他撰写的《自古诸侯王善恶录》为由，觐见问安，实际是想阻止唐太宗此行。

唐太宗道："爱卿细心搜检历代诸侯王成败善恶之事，撰成一卷，很有用处。朕准备令人缮写数份，分与太子诸王，置于座右，以为立身之本。"唐太宗怕魏征说个没完，又说："爱卿忠言可嘉，先回去歇息吧。"魏征刚走了两步，又转回来说："陛下钦定，中男十八以上方可点充府兵，可现在不满十八岁的男子也都征入军中了。臣以为这样不是示民以信，又好比竭泽取鱼，田该没人种了。"李世民表示："朕近日就令兵部查实一下。"

魏征又讲起太子不务学业，纵情声色之事，劝唐太宗严于教子，以保大唐基业万年。唐太宗尽管听着，但实在忍得有些不耐烦了。在魏征进来的时候，唐太宗手里正玩着一只鹦鹉，为怕魏征看见而藏于袖袍之中。时间一久，不想袖中的鹦鹉被闷死了。看着魏征走出了宫门，唐太宗一甩袖子，鹦鹉已经死了，气得唐太宗禁不住大骂："魏征老儿，好不晓事。"这样，唐太宗狩猎的兴趣也打消了，象牙做的鹦鹉笼，也被他一怒而毁了。唐太宗珍爱自己的荣誉，不能因一只鹦鹉而杀了一个重臣，但对魏征的反感，甚至仇恨却潜藏了下来。

后来，太子李承乾与魏征的儿子魏叔玉踢球时受了伤；魏征入朝，路过东宫门前没有下马的事，被御史权万纪举报，说魏征"对太子殿下莫大轻视"。唐太宗在宣政殿上，当着三品以上官员怒声说："你们傲视太子，把朕置于何地？"大臣们都惊恐跪地请罪，唯独魏征不跪，并申明朝中不会有人轻视太子。魏征的辩解，唐太宗已经听不进了，他下令："魏征目无国法，谤讪君王，立即赐死。"同时叫太监朱贵光："带上朕的手敕和御剑，速去魏宅！"看来唐太宗是要报复魏征了。

宣政殿之事，皇后业已知晓，皇后身穿朝服来到唐太宗面前，跪下说："臣妾是来向万岁祝贺的。臣妾闻听，君主圣明，臣子才能耿直。魏征敢犯龙颜，不卑不亢，无所畏惧，是因为万岁开明豁达，从谏如流，择善而从。不以逆耳之言而恼怒，不视直言之臣为仇敌。是非曲直，如冰炭之不同器；忠臣奸佞，如泾渭之分明。万岁深知，护短饰非，乃灭亡之道；兼听广纳，方为兴国之举。妾与陛下结发为夫妇，每言也不敢轻犯威严，魏征一个臣子，竟敢抗言如此，真是社稷之臣！国有良臣，是明君之德；国有明君，是万民之福。臣妾代四方黎民百姓向陛下郑重恭贺。"

"国之将兴，必用谏臣；国之将亡，必杀谏臣！"唐太宗如大梦初醒，杀谏臣是昏君的举动，是亡国的征兆啊！唐太宗深感魏征所言的正直与忠诚，既羞愧又悔恨，惊叫："坏事了！备御马！"唐太宗飞身跨上千里马，恨不得一下子飞进魏征的家门……

魏征早已有思想准备，他回到家中，摘下冠冕，脱去官服，换上了一件旧白袍，顿觉无比轻松，回想千年青史绝不乏刚直不阿之臣。屈原切谏举贤，惨遭放逐，身同流水不腐；晁错力主削藩，东市被戮，节与日月同辉。对比前贤，魏征虽不敢孤高自诩，但深信自己绝非势利之辈。他依然让叔玉拿来笔墨，展开了纸，一气挥写了六个大字——"十渐不克终疏"。他把唐太宗近年来朝政见衰，已不似贞观初年之事，归纳为渐不克终的十个方面，逐次道来。这就是在贞观十三年（639年）魏征呈送给唐太宗的奏章，被后人记录在《新唐书》之中。唐太宗怎么舍得杀魏征呢？这位比唐太宗年长18岁的老臣，于贞观十七年去世，享年63岁，死时家贫如洗，庭堂中连停放棺材的地方都没有。李世民见状无比感动，专门停了朝廷的一项费用，用五天时间为魏征建了一个厅堂，并亲自书写了魏征的碑文。这是君臣守信、生死如一的典范。

12 赏金之辱，甚于受刑

贞观初年，李世民重修《氏族制》，抑制豪强，力行均田。濮州地方豪强崔干，巧立名目，侵占民田。濮州刺史庞相寿与崔干结党营私，行贿受贿，使均田制不能兑现。皇上密派大理寺正卿戴胄到濮州进行查访。

侍御史权万纪向皇帝呈上弹劾奏章说："庞相寿密向长孙无忌赠贿金三十锭。长孙无忌为崔干开脱。"权万纪说事实确凿，臣以身家性命担保。长孙无忌是长孙皇后的亲哥哥，如何处理长孙无忌，对刚执政不久的李世民是个难题。

长孙无忌一面是勋亲、贵戚、开国功臣，一面是受贿枉法的罪臣，这对唐太宗是个莫大的讽刺。为了心爱的皇后，还是饶恕了这位恩兄吧！但初执国政，便不分曲直，袒护皇亲，岂不要贻笑天下？

明智的皇后，请弘文馆学士虞世南制了一个条幅，献给皇上。唐太宗打开条幅，见上面写的是："殷鉴不远，在夏后之世。"意思是：殷代当以夏代灭亡的前事为覆车之鉴。皇后跪在唐太宗面前，流着泪请求制裁兄长，否则那殷鉴真就不远了。

唐太宗被皇后的开明深深感动。皇亲不能袒护，犯罪应该伏法，以国法为重。那么**李世民是如何妥善处理这一两难的问题呢？**

皇后所恳求的，就是不能因皇亲而废法，这是殷鉴之一，守信执法是国家的根基；唐太宗更看到了殷鉴的另一方面，不能擅杀忠良，人才是国家之宝。于是，唐太宗演出了"攻心为上"的**"赠金之辱，甚于受罚"**的一剧。

威严的太极殿内，唐太宗正襟危坐，文武大臣站立两侧，殿内一片寂静。

唐太宗高声愤怒地说："豪族大姓，侵夺民田，国法不容。可是，朝中竟有人私受贿赂，助纣为虐，真是胆大妄为！"唐太宗接着又说："贪赃受贿不仅害己，而且误国。受人之贿，必然受人驱使，或者为人疏通关节，或者为人提供便利。受了别人的贿赂，眼会变瞎，耳会变聋，就看不见害国害民之事，听不到害国害民之声，不能履行为官的职责，这将毁我江山，坏我基业！"

长孙无忌听得热汗直流，浑身战栗，跪下请罪："卑职一时糊涂，铸成大错，甘愿服罪。"

唐太宗说："长孙卿，朕是为你惋惜。为什么区区三十锭黄金就能买通一个官高位显的大臣，就能使你昧着良心，不顾国法，不顾民利，为奸人辩解？若是一千锭或两万锭黄金，难道你可以把这大唐江山拱手送人不成？"众官跨出班列，说长孙大人有功于国，纷纷为长孙无忌求情宽恕。

唐太宗厉声喝道："来人！"看来要杀人了，没想到却是："赐长孙无忌金五十锭！"众皆愕然。"免去长孙无忌吏部尚书之职，调任为濮州刺史，那里可有一州的财富啊！"

长孙无忌叩头不止："陛下请不要再戏弄微臣，臣宁可现在就死！"

唐太宗哈哈大笑，说："君无戏言，卿不要误解。朕是说，看你如何以这一州的财富造福于民。起来吧，稍事休整，即可赴任。"唐太宗又说："**赠金之辱，甚于受刑！** 人是有自尊心的，无忌若能知耻，定会羞愧自省，痛改前非。如无羞耻，则禽兽不如，杀了又有何益？"让长孙无忌亲自去处理濮州的事件，是给他一个改过的机会，也是一次实际的考验。

唐太宗颇有感慨地说："内外官员是国家的栋梁，人君之宝。即使有些过错，也不应随意处罚甚至杀戮。当年隋炀帝无道，喜听谗言，亲近小人，致使好多人才或屈死刀下，或远徙岭南。如斯殷鉴，不可不戒。"以辱羞之，使其知错知害；给予改过的机会，以观后效。唐太宗拿皇亲国戚问罪，警示百官，为全国做出了榜样。

13 一批二保，善待功臣之过

"这张保命的手谕你好好收着吧！"

贞观十三年，夷男麾下的精兵已经超过二十万，要南下长城，与李世民争锋；高昌国君主麴文泰愿与夷男一起反唐。麴文泰阻隔了西域与长安的商道，还捕杀过路的唐朝官吏，唐朝政权又面临了考验。

征伐高昌确有许多困难，李世民力驳众议说："这一仗必须打，高昌扼西域到长安的咽喉要道，任麴文泰猖獗下去，等于让人卡住了大唐的脖子。"于是李世民决定由侯君集出任交河道行军大总管，平定高昌。高昌之役成为贞观年间另一个重大战役。

侯君集不辱使命，他所指挥的高昌之役，是唐军开国以来最艰苦的一仗。西征大军在西凉以西700里的山谷地带遭遇洪水，栈道被冲毁；出了玉门关，进入了500里沙漠，粮草接济不上，缺水少粮；先锋只有八千多人，侯君集依然坚持兵贵神速，忍饥挨饿，出其不意，攻占了几万重兵把守的高昌的门户田城。大军继续西进，一举攻占了二十多城，占领了高昌全境。捷报传到长安，举国欢庆，李世民下旨，在高昌设西州，在浮图城设庭州，岁调千兵，谪罪人以戍。

侯君集千辛万苦，打下了高昌。战事稍歇，屠长贵把一个在王宫中抢掠珍宝的士兵五花大绑，押了过来。侯君集打量了那个士兵，见他头上还用布帛裹着伤，眉头一皱，一扬脸说："把他放了。"屠长贵说："大帅，这可违反了军规呀！"侯君集说："能活着跟本帅打到这儿的人，都是大唐的功臣，他们提着脑袋过来，带一把珠子回去还不应该吗？"屠长贵只得下令放人。

李世民指挥李勣等部，粉碎了夷男南下偷袭的企图。当军民沉浸在战争结束的欢乐中时，朝中的政治斗争却在秘密进行。魏王李泰和刑部尚书张亮策划了一场新的风波：张亮的差役在长安客栈查到了侯君集部下的一个百夫长，受了伤回家，带了一车高昌王宫的珍宝。刑讯交代，侯君集率兵攻下高昌后，纵兵抢掠了三天，他自己也藏下了一张高昌的传国宝弓。于是张亮炮制了一堆举报信，控告侯君集纵兵抢掠，使高昌国民怨声载道等，请求皇上严明法纪，拿侯君集是问。房玄龄反对这样做。萧瑀坚持纵兵抢掠绝非小过，是丢大唐的脸。张亮也出来帮腔："陛下三令五申，对四夷要爱之如一，在北伐时就要求诸军严明军纪，严旨对在与诸夷作战时违犯军律者三倍量刑。侯君集身为统兵大将，把皇上的嘱托忘得干干净净，应缉拿到长安议处，不然怎么向高昌百姓交代？"

李世民露出痛苦的表情，事已至此，他只能按多数人的意见，下旨拿办侯君集了。

贞观十五年，侯君集班师回到长安，举行完献俘仪式后，就被革去军职关进了大牢。侯君集一肚子不服气，成天在狱中骂朝中小人当道，自己立了那么大功劳，没想到竟落到了这一步。他心里难过，在监室中大喊："我要见皇上！"

穿着一身囚衣的侯君集被带进承庆殿，里头已摆下了一桌酒菜，李世民坐在桌旁。一边几案上放了一幅不大的画像，画像里的人正是侯君集。侯君集走到画像前，颤声道："皇上想念老臣了吧？"李世民有些难过地说："你说能不想吗？你是玄武门九将里第二人，便桥退兵你立了大功，你练出来的飞虎军为大唐击败颉利立了头功。"侯君集说："既然皇上念着这些旧情，为什么要把臣放到西凉那么久？"

李世民语气沉重地说："那是为了救你，也是为了救太子！你以为你在泽州和长孙顺德勾结干的那些事情朕不知道吗？朕派你去押闵国器回京，就是怕你们杀他灭口……没想到，你的胆子比长孙顺德还大，朕当时杀你十遍的心都有。可是一想到你身上那些伤，朕心里就不落忍了。只能找个体面的理由把你放到西凉去，给你一个警醒。可你的脾气还是没改，骄傲自大，老子天下第一，打了胜仗，把朝廷的律令忘得一干二净，不光纵容部下抢掠，还私藏高昌王室的传家之宝。"

侯君集还要为自己喜欢宝弓辩解，李世民说："你在高昌密娶了一房夫人吧！现在儿子都快要给你生下来了。你在别的地方娶妻生子我不管，可那女子是高昌宗室之女呀！""你自恃功高，天不怕地不怕嘛！"说着，他拿出一张纸来，递给了侯君集。侯君集一看，纸上写着："侯君集劳苦功高，年老伤多，着选高昌宗室一女侍奉。贞观十四年十月。"这个日期差不多提前了一年。侯君集明白皇帝造假的目的是为了替他开脱，万分感激，扑通一声跪倒："皇上！"李世民说："这张保命的手谕你好好收着吧！要是言官们知道了这件事情，就不是参你流放三千里了！"

不久，李世民召集几位大臣商议如何处置侯君集。除了房玄龄，其他人要么主张处死，要么不说话。李世民力排众议，下旨将侯君集开释，并且保留了他的公爵爵位，仅仅革去了他的军职，这已经是李世民能够给出的最轻处罚。张亮等人不服这个结果，还要穷追猛打，李世民火了，指着张亮斥道："治军是要严，但是像侯君集这样的元老功臣，现在活着的还有几个？为了这大唐江山，他拼杀了一辈子，晋阳起兵后哪一仗他落下了？**朕现在告诉你们，只要他不谋反，朕就不能杀他，杀他就是薄恩寡义！**"这正如毛泽东观看黄梅戏《打金枝》时，总结历史所评价的："**历代开国皇帝，从不杀有功之臣。**"

这就是李世民的审慎用法，大公无私，有法、有情、有义。既尊重大臣们的意见，尊重朝廷的律令，又有自己坚定的决断，权威重如山岳，更体现了大唐以德治国、不能失德于天下的宗旨。

14 "治理中国，需要马克思加秦始皇"

贞观之治，是仁政之治，是依法治国与以德治国相结合的典范，对于我们今天实现民族复兴的伟业，有重要的借鉴价值。

1929年，毛泽东在福建长汀养病时，曾与徐特立一起研讨《贞观政要》。毛泽东发出了这样的感慨：**"治理中国，需要马克思加秦始皇。"**①这是在中国革命成功之前，当时的中国还是军阀割据专政，毛泽东已经建立了井冈山革命根据地，但井冈山正遭受国民党军队的围攻。此时，毛泽东在病中研讨《贞观政要》，思考了中国革命道路的问题。遗憾的是在仅有的记载中，对毛泽东这一感慨的内涵没有进一步地阐述。但这对于我们正确吸取《贞观政要》中的治国思想，我想是会有启示的。

毛泽东信仰马克思主义，坚信辩证唯物主义和历史唯物主义的世界观，一生追求国家的独立和民族的解放，追求人民的翻身与幸福，因此，论到"治理中国，需要马克思"，就是以马克思主义理论为指导，发动人民群众自己解放自己，走十月革命的道路，改天换地，这是没有问题的，也是无需解释的。那么还要"加上秦始皇"是什么含义呢？这种感慨与《贞观政要》有何联系呢？笔者试图从以下三点加以探析：

第一，可能是思考"治理中国"，必须理论联系实际，需要马克思加秦始皇。

毛泽东点评中国古代历史，坚持用一分为二的观点分析秦始皇，对秦始皇的历史功绩是肯定的。

1965年6月13日，毛泽东会见越南民主共和国主席胡志明时说：**"在中国历史上，真正做点事的是秦始皇，孔子只是说空话，几千年来，形式上是孔夫子，实际上是按秦始皇办事。"**②

1964年6月24日，毛泽东在接见外宾时说：**"秦始皇比孔子伟大得多，孔夫子是讲空话的，秦始皇是第一个把中国统一起来的人物。不但政治上统一了中国，而且统一了中国的文字、中国各种制度如度量衡，有些制度后来一直沿用下来。中国过去的封建君王还没有第二个人超过他的。"**这是从社会实践的高度肯定秦始皇的历史功绩。

不难看出，毛泽东看《贞观政要》，赞赏李世民开创了贞观治世，维护了国家的统一，是一个有作为、干实事的开明皇帝，如同历史上"真正做点事的是秦始皇"。读《贞观政要》，思考"治理中国"，有了马克思主义理

①郭晨：《万水千山只等闲》，89页，北京，军事科学出版社，1993。
②陈晋：《毛泽东之魂》，北京，中央文献出版社，1997。

论，还要有领导者的魄力与专断，敢作敢为，把理论变成现实。如同李世民崇尚儒学，力行"仁政"，开创了贞观之治一样。此处他想起了秦始皇，秦始皇是把法家"霸道"理论成功用于实践的典范。面对反动派对根据地的围剿，儒家的"恕政"只能是空话，只有像秦始皇那样以牙还牙，才能有出路。这里似乎暗示着改造中国离不开共产党的领导，或者共产党就应该担当起秦始皇那样的历史责任，并要用"武装割据"的手段，来完成这一使命。所以说，"治理中国，需要马克思加秦始皇"。

第二，可能是思考夺取政权，离不开共产党领导的人民军队，"需要马克思加秦始皇"。金冲及主编的《毛泽东传》记载，红军经过了井冈山的八月失败之后，开辟了赣南、闽西根据地。1929 年 11 月，毛泽东在福建长汀养病时，中央接受了他提出的"工农武装割据"的主张，同时恢复了他对红军的指挥权，即毛泽东"仍为前委书记"。11 月 28 日，毛泽东在长汀主持召开了中共红四军前委扩大会议，通过了著名的"古田会议决议"，解决了以农民为主要成分的军队如何建设成无产阶级领导的新型人民军队这个根本性问题，并依靠红军建立赤色政权，进而创出"农村包围城市，武装夺取政权"的新格局。

李世民是靠自己的军队夺取皇位的，是靠强大的军队打败了颉利，巩固大唐政权的。秦始皇是靠强大的军队打败了六国，实现中国统一的。要有强大的军队，要用铁的手腕，才能取得政权，巩固政权。中国共产党第一次国共合作之所以失败，是因为没有自己的军队，导致无数共产党员惨遭杀害；井冈山根据地被围剿，是因为红军弱小而且内部认识不统一，几乎使根据地丧失。因此，既要像秦始皇那样重视军队，又必须用马克思主义思想改造旧军队，建设共产党领导的新型的人民军队。这对于当时党内忽视掌握军队、忽视政权建设的思潮来说，"需要马克思加秦始皇"是有针对性的。这样想是不是有些牵强附会呢？毛泽东历来主张"枪杆子里面出政权"，以及"没有人民的军队，就没有人民的一切"，要求"坚持党对军队的绝对领导"，用无产阶级思想教育改造旧军队，建设新军队。可以说，这一切与"需要马克思加秦始皇"的内涵是相通的。

第三，新中国成立以后，毛泽东在思考怎样治国时，再一次提到了"马克思要与秦始皇结合起来"。这说的是执政方法及领导方法，是民主与集中的关系问题，既要充分发动群众，又要坚持共产党的绝对领导，并把二者统一起来。

1959年4月，毛泽东在上海会议上提出：**"学习和借鉴秦始皇善于集中力量于主攻方向，同时要学会走群众路线，**也就是**把集中统一的领导和群众路线统一起来。"**毛泽东又说：**"现在我们需要的是走群众路线的秦始皇。"**①

1967年7月，这是在"文化大革命"中期，此时毛泽东思考的是如何结束"文化大革命"。在北戴河，在杭州，**毛泽东都曾公开讲过："马克思与秦始皇要结合起来。"**②看来这里的"马克思"应是指坚持"无产阶级专政的理论"，坚持群众路线的方向，这里的"秦始皇"应是指能够驾驭局势并掌握国家领导权的绝对权威。也就是说，从民主与集中的辩证关系上看，既要实行群众路线，实行民主，又要善于集中统一，善于掌控大局，从而实现根本的目标。

新中国成立以后，毛泽东强调要正确处理人民内部矛盾，调动一切积极因素，建设社会主义；希望在全国全党形成一个既有集中又有民主，既有纪律又有自由，既有统一意志又有个人心情舒畅那样一种生动活泼的政治局面。把"马克思与秦始皇结合起来"，就是把马克思主义理论与中国的实际相结合，把党的集中统一的领导与群众路线相结合，以形成一个生动活泼的政治局面。

从治国角度而言，"需要马克思加秦始皇"或"要把马克思和秦始皇结合起来"，应该说是对"依法治国"与"以德治国"相结合的通俗表述。

贞观之治坚持了法家的"依法治国"，也坚持了"尊儒崇文"的"以德治国"，是将法治与德治相结合的仁政之治。李世民坚持"仁政"的出发点，自然是为了大唐王朝，为了李家天下，为了安抚百姓，使其王朝江山永固。在距今1 300多年前的唐代，建立统一的大唐帝国，使国家走向统一与富强，客观上与百姓要求解除战乱及过上安稳充裕的生活的愿望是相一致的，这在历史上是起了积极作用的。我们吸取古人的智慧，是为了今天的建设。毛泽东看《贞观政要》，发出了"治理中国需要马克思加秦始皇"的感慨，为我们以古为鉴、古为今用地思考现实问题，留下了广阔的空间。

①陶鲁笳：《一个省委书记回忆毛主席》，太原，山西人民出版社，1993。
②权延赤：《微行——杨成武在1967》，6～9页，广州，广东旅游出版社，1997。

三

任贤篇

夫国之匡辅，必待忠良。任使得人，天下自治。

故舟航之绝海也，必假桡楫之功；

鸿鹄之凌云也，必因羽翮之用；

帝王之为国也，必藉匡辅之资。

——李世民《帝范·求贤》

唐太宗开创了"贞观之治"，一个重要的因素就是善于举贤任能。他一再强调**"为政之要，惟在得人"**或**"致安之本，惟在得人"**。《贞观政要》专设一卷讨论唐太宗的"任贤""求谏""纳谏"的问题，就是识人用人的问题。"贞观之治"，从某种意义上说，就是任贤致治。本书拟分"任贤篇"和"纳谏篇"，对唐太宗开创贞观盛世的用人智慧进行讨论。

《贞观政要》"任贤篇"中介绍了唐太宗最为信任的八贤：房玄龄、杜如晦、魏征、王珪、李靖、虞世南、李勣、马周。这八位贞观名臣有的是秦王府的旧人，有的是来自敌对营垒的谋臣；有的出将入相，有的出身低微。虽然贞观名臣不止这八人，后来唐太宗在凌烟阁画图绘像的功臣就有二十四人，但在史家吴兢看来，最能反映当时任贤特点且贡献最大的要数这八人。

李世民善于发现人才，笼络人才，发挥人才的作用，把关键的人才用在关键的岗位上，从而创出了贞观政绩；同时，李世民也是深谙帝王统治之术的。正如宋代史学家苏洵所说："人君御臣，相易而将难。将有二：有贤将，有才将。而御才将尤难。御相以礼，御将以术。御贤将之术以信，御才将之术以智。不以礼，不以信，是不为也。不以术，不以智，是不能也。故曰：御将难，而御才将尤难。"（见《衡论·御将》）李世民御相御将，不仅以礼、以信、以术、以智，尤其以真诚与宽容，最终做到了君臣合力，共创伟业。

① "为政之要，惟在得人"

人才是事业之本。李世民说："夫国之匡辅，必待忠良。任使得人，天下自治。"（见《帝范》）李世民是一位明君，有识人之明，善揽英雄之心，能够正确地识别、使用人才。因此，李世民的身边聚集了一批忠心耿耿的文臣武将，他们是李世民的心腹重臣和左膀右臂。

一个突出的例证就是玄武门之变。《贞观政要》记载："**隐太子之败，如晦与玄龄功居第一**。"这就是说，玄武门之变的成功在于"房谋杜断"。

玄武门之变的过程前面已经说及。李承乾和李元吉要刺杀李世民的密谋被杜如晦早就安插在东宫的眼线得知并传到了李世民的耳中，为了对付东宫和齐府的这场阴谋，李世民请谋臣们紧急商议对策。谋臣们说，因时间紧迫，只有在长安城里与他们作生死决战了。李世民问："如何能有胜算？"房玄龄回答道："我们兵少，**只有在一个他们失去了羽翼保护的地方动手，才能有胜算**。"李世民问："到哪里去找这样一个地方？"房玄龄轻轻吐出两个字："皇宫。"

根据唐律，大臣不经同意带兵器进宫，罪同谋逆。在皇宫举事，捉拿太子和齐王，实质上就是造反。李世民不免有所犹豫。房玄龄激动地说："殿下，**先发制人，后发制于人**。情势十万火急，抛掉那个忠孝的心魔吧！太子和齐王他们既然敢谋杀你，足以证明他们心如禽兽，将来难保他们不学隋炀帝弑父杀兄。除掉他们，虽然可能会一时背负不忠不孝之名，但是却能保皇上晚年平安，实际上是大忠大孝呀！"李世民这才下决心说："先发制人！"

首先要诱使太子、齐王来到皇宫。这是长孙无忌设的计：让李世民次日进宫控告李建成和李元吉与后宫的尹德妃和张婕好淫乱，这是皇帝的两个爱妃，皇帝听后必怒，定召李建成和李元吉进宫查问。

其次要控制住玄武门。办法就是买通玄武门的守将，让他们暗中相助，这由杜如晦去办。守将中的敬君弘与杜如晦早有密切往来；另一个是常何，由长孙无忌与杜如晦一同，利用李建成不重用常何的矛盾，最终攻下了常何的心。在常何与敬君弘的掩护下，秦王的九位骁将登上了玄武门。

事情的发展基本按照秦王的预谋进行着，加上秦府内外文臣武将的密切配合与竭力死战，玄武门政变最终获得成功。房玄龄的深谋远虑，以及杜如晦的机敏果断，成为李世民制胜的左膀右臂。

房玄龄和杜如晦均是王佐之才。"房谋杜断"不仅使李世民得到了天下，而且得以治国安天下。贞观年代，唐太宗任命房玄龄与杜如晦为左右丞相，辅佐治国，他们主管建立法制，为贞观依法治国打下了基础。

贞观元年，房玄龄被提升为中书令，杜如晦被提升为兵部尚书。贞观三年，房玄龄被拜为尚书左仆射，即任宰相；杜如晦被拜为右仆射，与房玄龄共掌朝政。"至于台阁规模，典章文物，皆二人所定，甚获当时之誉，时称'房杜'焉。"这就是说，唐朝中央的机构设置、组织规模、法令制度、礼仪典章等，都是由他们二人制定的，并且深得时人的称赞。

范文澜的《中国通史》记载："唐朝重要制度，都在贞观时期制定。这些制度基本上沿袭隋制，但也有所修改，使之更适合于当时统治上的需要。"如在官制上，三省（尚书省、中书省、门下省）长官共议国政，行使宰相的职权；在行政上，奠定了州下设县的行政格局；举才取士方面，以科举制代替了士族制，使寒门子弟也可以入仕做官；在经济上，推行租庸调制度；在军事上，实行内重外轻的府兵制等，巩固了中央集权。这些制度的建立，为唐代三百年的基业打下了基础。

"为政之要，惟在得人。"这里的"为政"，指的是管理国家；这里的"得人"，主要指"得人才"及"任用贤人"。意思是说，管理国家要靠大批有能力的一流人才，而不是只靠"君王"一个人。明智的君王能知人善任，能用好各种人才，这是领导者成功的必备素质。因此，"为政之要，惟在得人"在现代仍具有普遍的价值。

历史上的楚汉之争，从个人能力上看，刘邦打不过项羽，但刘邦能够识人用人。运筹帷幄有张良，筹划经济有萧何，用兵打仗有韩信，三者皆为人杰，但却愿意为刘邦所用。由于刘邦有善于用人的本领，因此最后战胜了项羽。而项羽"力拔山兮气盖世"，能征善战，是个英雄，但他却不重视人才。谋略有范增，但他信不过；打仗有大将，但他偏要自己争功，导致韩信、陈平这样的人才因得不到重用而投靠了刘邦。结果项羽因人离政息而成了孤家寡人，自刎于乌江。

李世民有远大的抱负，深知人才是事业成功之本，对文臣的良谋，言听计从；对善战的大将，放心委以重任，有功必赏；爱护人才，对人才的缺点甚至过失，能给以理解宽容，促其改正。人们跟着他能看到成功的希望，能实现自己的抱负，所以肯于舍身报国，国家因此而昌盛。贞观之盛，也可谓"得人者昌"。

"为政之要，惟在得人。"在古代"帝王学"中，这是"君道"的重要原则。从管理学意义上说，古代的帝王也是一个管理者，他所管理的不是一般的团体，而是一个国家。通晓与掌握"为政之要，惟在得人"这一原则，对于企业的领导者，乃至国家的最高领导者，都是极有借鉴价值的。

2 诚信宽仁，笼络人才

人才重要，人才也难得。李世民十八岁就领兵征战，深知勇猛的武将的重要性。他对武将真诚、宽容，能够深结其心，与其同生共死。尉迟敬德就是一例。

尉迟敬德原是诸侯刘武周手下的一员偏将。唐武德二年（619年），尉迟敬德与李世民交战被围，内无粮草，外无救兵，后李世民派人劝降，最终使其降唐。

尉迟敬德投降后，李世民对他十分敬重，仍让他统领降军。不久，原刘武周部下降将再度叛变，但尉迟敬德却没有走，将士们不相信他，把他囚禁起来。李世民知道后，立即派人将尉迟敬德释放出来，并让人把他领进自己的卧室，拿来一箱金银珠宝，对尉迟敬德说："我不会听信谗言而残害忠良的。如果你一定要离我而去，我就把这些东西赠给你作路费，以表达我们这一段时间共事的情谊。"尉迟敬德感激涕零，表示要跟随李世民，决不离开。古代圣人之任腹心之臣，尊之如父师，爱之如兄弟，握手入卧内，同起居寝食。李世民效法先贤，也这样对待尉迟敬德。

后来，李世民与尉迟敬德外出打猎，恰巧遇到了王世充的步骑兵来袭。危急中，尉迟敬德一槊将敌军主将刺于马下，并保护李世民冲出重围，随后又率军生擒敌将，俘获数千人。李世民对尉迟敬德愈加信任，尉迟敬德跟随李世民征战窦建德，讨伐刘黑闼，屡立战功，被授予秦王府左二副护军之职。

武德九年（626年），李世民发动了玄武门之变，尉迟敬德带领七十名精壮骑兵保护李世民。李元吉与李世民在林中搏斗时，李元吉用强弩卡住了李世民的喉咙。在危急关头，尉迟敬德一箭射死了李元吉，救出了李世民。应该说，尉迟敬德在玄武门之变中发挥了重要的作用。

古人云："士为知己者死。"作为领导者，只有识人交人，揽英雄之心，才会把人团结在自己周围。李世民坚持诚信宽仁，以诚信结交来自敌营的尉迟敬德，使其英雄能有用武之地，化敌为友；尉迟敬德佩服李世民的才智胸襟，视李世民为知己，舍身救护李世民，二人成为患难与共的生死之交。

李世民交人之法对我们如何留住人才提供了宝贵的启示。要想招揽人才并且留住人才，领导者首先要有识人的慧眼，宽大的胸怀，吸引人才、感召人才的气质和魅力，使人愿意跟随你；其次要真诚地信任人才，发挥人才的作用，使人才有用武之地；最后要理解人才的愿望与需求，将组织的目标与人才自身的目标统一起来，给其提供舞台，创造使其成功的环境与条件。一句话，以感情留人，以事业留人，以成就留人，使人才视领导者为知己，视企业、团队如自己的家。

3 不计前嫌，交付重任

李靖是唐朝的开国名将，为贞观之治做出了重要贡献。从流传下来的兵书《唐太宗李卫公问对》可知，李靖是李世民的至交与军事上的知音。但是，唐朝建立之初，李靖并不是李渊的部下，也不是李世民的部下。

李靖原是隋朝末年的马邑郡丞，驻防并州以北。唐高祖李渊当时任太原留守。李靖察觉到李渊将起兵反隋，出于为将为臣之责，他长途跋涉到长安向朝廷告发。但隋炀帝已经南下，李渊攻克长安后，捉住李靖，要杀之。李世民知道李靖是个将才，就去向李渊求情，指出李靖告发不过是在尽人臣之道。李渊也深爱李靖之才，于是赦免了他，仍用其为将。后来，李靖在唐军的东征西讨中，所向披靡，最终成为一代名将。

李世民虽救过李靖的命，但在举行玄武门之变前，李世民秘密派长孙无忌去联络李靖，李靖却没有同意帮助李世民。李靖让长孙无忌带话给李世民说，他自幼学习儒道和兵道，儒道要求为臣之节第一是忠，兵道要求为将之节也是要忠，他不能违背了这个安身立命的根本。不过他承诺，（对皇室内部之争）虽然不能效力，但以性命相保，绝不会坏李世民的事情。李勣跟李靖学过兵法，二人素来交好，态度相同，也采取了中立的做法。李世民并没有忌恨李靖和李勣，还对他们的做人原则表示理解。

李世民继位后，对比自己年长 27 岁的李靖十分敬重，授李靖为刑部尚书；贞观二年，任李靖为本官检校中书令；贞观三年，任李靖为兵部尚书，出任代州道行军总管。北伐突厥之时，李世民专门登坛拜将，将唐朝几十万大军的兵权亲自交给李靖，令其率军进击被突厥占领的定襄城。李靖对李世民的信任无比感动，最终他不辱使命，出奇兵收服了定襄，威震北方各族。李靖被晋封为代国公。贞观四年，颉利可汗退守阴山，遣使请降，实为缓兵之计。李靖趁其不备，乘雾而行，一举大败颉利，斩杀万人，俘虏十余万人，最后捉住了颉利可汗，东突厥终于被消灭，从阴山到大漠以北的疆土尽归大唐。

李世民在建国之初被迫与颉利结"便桥之盟"。但李世民知耻后勇，励精图治，誓灭匈奴，这一愿望在李靖大军的手里终于实现了。李靖战功卓著，用兵"临机果，料敌明"，而且"才兼文武，出将入相"。晚年，李靖被李世民提为尚书右仆射，后封为卫国公，所以史称李卫公。

李勣原名徐世勣，是唐朝将领中的后起之秀。他曾是瓦岗寨李密的部下，任左武侯大将军。后来李密被王世充打败，徐世勣随李密一同归顺唐朝。唐高祖认为徐世勣"感德推功，实纯臣也"，便拜其为黎州总管，加右武侯大将军，赐姓李氏，名为李世勣。后避唐太宗李世民讳，单名勣。

李密反叛朝廷被杀，李勣不忘李密的旧情，亲自为李密发丧，同时上奏章请求收葬李密。唐高祖诏许，将李密的尸体交给李勣。李勣于是按照君王的仪仗，令他所统帅的三军缟素，将李密葬于黎阳山。李勣遵守道义，朝野闻名。

李勣随李世民征讨王世充、窦建德，平定这些诸侯，屡建战功。

贞观元年，唐太宗任命李勣镇守边境，为并州都督，"突厥甚加畏惮"。唐太宗对侍臣曰："隋炀帝不解精选贤良，镇抚边境，惟远筑长城，广屯将士，以备突厥，而情识之惑，一至于此。朕今委任李勣于并州，遂得突厥畏威远遁，塞垣安静，岂不胜数千里长城也？"在定襄之战中，李勣被任命为副统帅，亲自带队，从侧面出奇兵，终于攻下了恶阳岭，夺取了定襄战役的主动权，继而李勣配合李靖，取得了定襄大捷。此后并州改设大都督府，以李勣为长史，加封到英国公。李勣在并州十六年，行军用兵，临敌应变，动合事机，讨击突厥、薛延陀、高句丽等，均大破之。唐太宗赞曰："李勣、李靖二人，古之韩（信）、白（起）、卫（青）、霍（去病）岂能及也。"

贞观十七年，唐太宗立晋王李治为太子。尽管李勣来自瓦岗寨，并非李家的宗亲贵戚；尽管李勣在玄武门事件中保持中立，并没有帮助李世民，但是李勣用兵奇变如韩信，忠于职守重道义，是一位才兼文武的大将军。确立李治为太子之后，唐太宗设宴对李勣说：**"我想托付年幼的太子，考虑下来没有再比你更合适的人选。你过去能不忘李密，如今怎会负于朕呢？"**这是将辅佐储君、安定天下的重任托付给李勣，足见唐太宗对李勣委信之深。

李世民识人交人，素有汉高祖之风。汉高祖刘邦曾经说过："夫运筹帷幄之中，决胜于千里之外，吾不如子房（张良）；镇国家，抚百姓，给馈饷，不绝粮道，吾不如萧何；连百万之军，战必胜，攻必取，吾不如韩信；此三者，皆人杰也，吾能用之，此吾所以取天下也。"（见《史记·高祖本纪》）由于汉高祖识贤用贤，所以得天下。李世民重用李靖、李勣，不计前嫌，充分信任，唯才是举；登坛拜将，授予全权；逢功必赏，晋爵迁升，创造条件促其建功，留名青史，如同汉高祖用韩信。李世民又高于汉高祖，没有汉高祖妄杀功臣的污点。李世民得天下后，善待文武功臣，愿与其同享天下。当然，这也与房玄龄、李靖等重臣能够以史为鉴、谨慎作为、功成身退、深明以忠为本的自保之道有关。

4 起用寒门，驱邪扶正

　　隋朝的科举主要是士族制，官场是被士族把持的，上品无寒门，士族治国的规矩到唐朝已延续了三百年。隋朝的灭亡，是因为隋炀帝的残暴，也是因为山东士族的腐败没落。唐朝改革取士择官制度，开始重用有才学的寒门子弟，对腐败的世风进行冲击。唐朝在门下省设监察御史，负责监察百官，评论朝政，这是李世民为了避免施政有误而设立的监督防线。在今天看来，这就是施政监督机制的雏形。监督机制要能奏效，关键在于用人。李世民重用寒门子弟马周，封其为监察御史，足见李世民要改变政风的决心。

　　马周，博州茌平人，出身寒门，也就是出身普通百姓之家。在士族为官的传统下，寒门子弟入朝做官是绝对不可能的。李世民的识人就在于此。贞观五年，曾任泽州助教的马周进长安住在中郎将常何家中。当时唐太宗恢复朝臣上疏评论朝政的制度，让五品以上官员上奏章，评论朝政得失。常何不识字，请门客马周代写了一个奏章，评论了二十多项朝政，项项切中要害。李世民看后大喜，吩咐常何把马周请进宫来。原来马周平时在民间，所以他对百姓之事很了解。要想知道百姓疾苦，就只能到民间来读这无字之书。

李世民问："当今理政最要紧的是什么？"马周回答："一是守法，官吏首先要守国法，立法之人更要守法；二是用人，朝廷要慎重选用近臣，更要注意选用良臣为刺史、县令。"李世民听了很高兴，他对吏部尚书长孙无忌说："朕常说，何代无才，但患遗而不知耳。你看这马周一身布衣，却腹藏经国之策，朕看，比多少峨冠博带、高居庙堂却庸庸碌碌的人要强多了！朕决定，让马周入直门下省，过一阵子再出任监察御史，现在御史台没有人说真话，让马周替朕涤新一下那里的风气。"

马周机敏善辩，长于陈奏，深识事端，所奏之事符合实际，能够使皇帝听到真实的声音，因此他成了皇帝的得力参谋。

泽州刺史赵士达制造了冤案，是马周最先奏明皇上，引起了皇上对这位即将被提拔的刺史的警惕。朝中派长孙顺德去处理泽州问题，结果又造成了新的更大的冤案，还牵连了朝中大臣甚至太子。长孙顺德是长孙皇后的叔叔，是开国元勋。李世民实在不忍心将长孙顺德处死，但又不能因为国戚而废法，心里有话说不出口。此案既涉及处理贪官，又牵连到了太子，弄不好又容易卷起诸皇子的党争，因此是个棘手的难题。唐太宗认为马周"识大体，顾大局，处事平允，可堪大用"，所以派马周和大理寺官员一同审理此案。

马周能深刻理解皇帝的用意，既要治理贪官，又必须稳定朝局。他是怎样审理长孙顺德一案的呢？

长孙顺德的案情，李世民不是不清楚，他只是需要找一个替自己说话的人来说服朝臣，安定朝局。李世民看了马周的呈文，问："长孙顺德制造这起冤案的原因查清了吗？"马周回答："据臣调查，长孙顺德曾受赵士达重贿，又与赵士达为故交，到泽州上任后，落入赵士达的圈套，缉捕了裴氏父子，最终酿成了泽州的惨剧。"李世民追问："是不是把所有罪责都推到赵士达这个死人身上？"马周一本正经地回答："臣是在依法办案，赵士达虽死，但长孙顺德府上人麻四、泽州长史彭翮梓作证，在泽州冤案中，长孙顺德其实是听了赵士达的一面之词。长孙顺德自己也交代,他先后收了赵士达贿赂的各种珍玩折价三万余金,现在这批赃物均已收缴。"人证物证俱齐,可以定案。马周将长孙顺德的罪责定位在"贪渎",这正是李世民心里所期望的。李世民故意怒道:"三万金就把一个堂堂的国公给收买了?他长孙顺德也太不值钱了!"长孙顺德因"贪渎"罪而被革职,自然就可以被免除死罪,并与东宫太子撇清了干系。太子的问题李世民心里有数,只是要另作处理罢了。

长孙顺德等人制造冤案,是利用了朝廷刑讯规定上的漏洞。马周把这一层责任留给了法律的制定人皇上。李世民为总结教训,将问题引到"慎刑"上,对事而不对人,重在对朝臣进行教育。他痛心疾首地说:"要以古为镜,我说过多次。隋朝于士澄抓捕了两个盗贼,却牵连了两千多人,这让人人都憎恨隋朝的暴政。长孙顺德去泽州才几天,就把七百多人打成谋反之贼,让很多人妻离子散,这些人将如何看这个朝廷呢?"李世民将目光转向众臣说:**"前隋行的是暴政,严刑峻法,而本朝行的是王政,讲求的是王本刑末,最根本的就是要慎刑。**泽州出冤狱,就是因为刑讯拷掠,皆以法外,这个教训一定要牢牢记取。"李世民还说,朝廷要立下一个规矩,"以后处决死囚,要由中书、门下四品以上及尚书九卿共同议定"。这是关于慎重死刑的具体规定。

马周的呈文坚持了"依法办案",重人证物证,据事实定性,使人们不得不服。但他在审案中,善于分清轻重,为皇上着想,将长孙顺德之罪定性为"贪渎",撇开东宫,以稳定朝局,这正是朝廷大局所需要的。长孙顺德属于皇亲贵戚,犯法也要依法定案,这样就维护了皇上的尊严。马周的做法与阿谀奉承、袒护偏私的俗风不同,也与不顾大局、穷追猛打的固执偏激相区别。马周能够妥善把握事情的分寸,所以他是能办事、会办事的能臣。李世民说:"朕比任使之,多称朕意。既写(抒发之意)忠诚,亲附于朕,实藉(凭借)此人,共康时政也。"

治理用吏与打仗用将是不同的。战场上真刀真枪,如果打不了胜仗,那么一切都是空谈,因此选将重在讲能;而用吏讲究圆,真正的贤臣必须能够把方方面面的关系照应周全,善于稳住局面。马周之贤,就在于他"处事平允,识大体,顾大局"。通过马周审案的故事,我们知道了怎样做贤臣,或怎样用贤臣。我想至少有以下几点启发：

第一，贤臣要"处事平允"，站在客观公正的立场上，排除私心与偏见，依据事实，依法定案。

第二，贤臣处事要"识大体，顾大局"。据实断案，客观公允，这是对贤臣的基本要求。处事断案既重事实，更重效果，才是对贤臣的更高要求。"识大体，顾大局"就是要顾及效果，顾及当时、当事的具体情势及影响。事实有轻有重，有急有缓。凡与大局相关的就是重要的，无伤大局的就是次要的。马周对事实的梳理与取舍就是兼顾了这一原则，轻重缓急取舍适度，所以李世民认为马周"可堪大用"。

第三，领导者选人用人要做到知人善任，不仅要知其能（能办事），更要知其明（能把事情办得更好）。也就是说，办事之人既要识情，更要识势。李世民选用马周，不仅是因为马周处事平允，更重要的是马周能站在全局的立场，高瞻远瞩，处事精明。

5 关键时刻，用上关键的人（一）

战国时期的政治家、思想家尸佼说过："举荐贤能是各级官员的功绩，善用贤能才是帝王的功绩。"（见《尸子》）荀子也说过："帝王射箭要想做到百发百中，就不如用后羿；驾车要想做到驰骋万里，就不如用王良（春秋时著名的相马师和御车能手）；治国要想做到一统天下，就不如任用贤明正直的能人。"因此，做帝王最重要的是如何支配和使用手下的人才。把关键的人放在关键的岗位上，是李世民用人成功的秘诀之一。李世民任命地位卑下但熟悉颉利的范鑫为特使，前去与颉利议和，从而使刚刚立足的大唐免除了一场危机，就是一个鲜明的例证。

贞观之初，北方颉利率部倾巢而出，偷袭长安，摆出三面合围之势。李世民说："我军最缺的是了解他们虚实的人。"长孙无忌接过话说："有一个人对阿史那氏的情况颇为熟悉，由他来做兵部侍郎参谋军机最合适，不知陛下敢不敢重用他？"长孙无忌又说："这个人就是中山郡王府长史范鑫。"李世民一听，脸色为之一变。因为这个范鑫前些年在云中、马邑领兵多年，对颉利部落的情形了如指掌，但他出身低贱，做过放马奴，在颇重门第的朝廷里，向来受人歧视。而且这个人还有"前科"（其实是被冤枉的），要是用他，必然会引起一场争论。

果然，长孙无忌的话音刚落，右仆射封德彝就说："这恐怕不妥吧，此人在太上皇手里是定了铁案的。武德二年，他在洛阳别驾任上痛打裴寂，太上皇念其有多年战功，才没有杀他，遂将其放逐到马邑戍边。有道是上品无寒门，皇上新承大统，急需延揽天下英才，把范鑫这块顽石捧高，那些士族子弟将会弃我主而去的。"大臣们纷纷附和，表示羞与范鑫为伍。

李世民生气地说："大敌当前，还提什么士庶之争，真是唯恐天下不乱！"同时，李世民又对封德彝说："朝廷眼下急需了解阿史那部骑兵的人。朕看这样吧，就给范鑫一个兵部郎中，让他参赞军务，大主意还是由朕、玄龄、如晦和你们几位重臣来拿，你说怎么样？"封德彝忙说："皇上这么处置，大家都会心悦诚服的。"

李世民知道，山东士族在朝中官员里占了十之七八，隋朝的灭亡与山东士族的腐朽没落不无关系，但眼下刚刚接过政权的李世民还必须委屈地接受这个事实。李世民对长孙无忌说："让范鑫做兵部郎中的五品官确实是委屈了些，但到底是给了他一个立功的机会不是？有了战功，朕就可以论功行赏，到时候提升他出任兵部侍郎不就水到渠成了吗？"李世民为了启用一个用得着的人，而一左一右地向两方面做说服工作。

在御前军事会议上，李世民向范鑫问起了颉利铁骑的现状。范鑫说，颉利的铁骑本就骁勇，这几年经过统一北方部落的几次大战后，实力更强了。如果双方的骑兵摆开阵势正面交锋，我军两万人难敌对方一万人，步兵对骑兵就更不用说了。这种严重情况，朝中的封德彝等大臣是一无所知的。

如何对付颉利的二十万铁骑，李世民从泾州前线回来前曾征求过防御颉利的大将军李靖的意见。李靖说："以大唐目前的实力，断不能与颉利决战。"李世民问："不战又如何能退其兵？"李靖回答："**举府库之财退之。**"对于这样的回答，李世民虽感到意外，但他相信李靖的判断是真实的。

面对颉利强敌和李建成旧部反叛的双重压力，李世民一面派兵去镇压李建成旧部的反叛，一面在心中做出了决断。他说："对付颉利，朕已有办法了，朕打算借一支兵来，帮咱们对付颉利。"这支兵就是颉利阵营中的对立面突利可汗。封德彝提出愿意去突利大营与其谈判。范鑫说："颉利以铁血治军，杀人如麻，爪牙遍布营中，封大人如何进得了胡营，见得到突利？退一步，即使见到了突利，突利敢公然退兵吗？何况颉利正在找理由对付他呢，他会授人以柄吗？"封德彝问："阁下有何高见？"范鑫一拱手说："不如派一使臣带上一样东西直接去找颉利。"李世民问道："什么东西？"范鑫说："大唐库藏里的全部财宝！"全场顿时一片哗然："这等寡廉鲜耻的主意你也想得出来？"

范鑫解释道："人活在世上，最难的事莫过于低头。可是，要想成大事，不学会低头行吗？时局危难到这种地步，如果皇上你不肯暂时低下头来，会是个什么结果？最终，大好河山也有尽失之虑呀！这些财宝当然买不动颉利，可是却能买得动他手下那些部族首领呀！颉利的骑兵来自十八个部落，各个部落首领的心思各不相同，多数人归顺颉利不久。只要皇上将所有财宝全部拿出来交给颉利，长安就成了一块没有肉的骨头，有了这名正言顺的理由，不用咱们劝说，突利等人自然就会站出来闹着北撤。皇上借敌兵退兵的谋略不就能实现了吗？"这番话打动了李世民，李世民陷入了沉思，同时想着李靖曾经提出的"举府库之财退之"的谋略，他决定明天就将府库里的财宝全部拿出，以退胡兵。

第二天，范鑫作为李世民的特使来到了颉利大营，并带去了李世民的议和条件，这大大出乎颉利的意料。诸将闹了起来，突利等几个部族首领都提出接受退兵条件。颉利无奈："既然二汗突利这么说，那就议和退兵吧。"八月三十日，颉利与李世民斩白马会盟于便桥之上，随后，阿史那部大军便向北退去了。这就是武德九年夏天的"便桥城下之盟"。范鑫的纳贡退兵之计，虽然是一次耻辱的记录，但却使大唐得到了一次起死回生的机会。

随后，范鑫被派到绥州任刺史，用三年时间对颉利进行了细致的调查，冒死完成了李世民交办的任务，写出了"平胡十策"，并在敌强我弱的情势下，劝告皇上"凡事一定要忍"，为最后剿灭颉利提供了方向。

6 关键时刻，用上关键的人（二）

在李世民重用的近臣中，有一位特殊的重要人物，他就是岑文本。

岑文本是一位有才有识之人。他原在西梁萧铣军中做事。大将军李靖平定江南，岑文本被擒，李靖让他起草了一个文告传布西梁属地，许多县州见到文告就投降了。所以李靖向李世民推荐岑文本，说**岑文本这支笔可抵十万兵**。

李世民见到岑文本时，岑文本被封德彝安排为史官修撰。既然是史官，李世民就问他："朕眼下该不该向颉利纳贡退兵？"岑文本回答："臣以为应该。越王勾践，为了击败强吴，不得不拿出全国的珍宝和美女供奉敌人，整整十年，可是最终的胜者却是他。如果皇上能知耻后勇，励精图治，最终击败强敌的话，后人将把这段历史当成和勾践卧薪尝胆一样的美谈传诵。"李世民说："你能不能先不记录此事呢？"岑文本说："以春秋笔法治史是史官的规矩，只能照实记录。"李世民其实是在测验岑文本的胆识。最后李世民说："朕明日就倾府库里的全部财宝以退胡兵，你就照实记吧。你记完这段国史就不要在史馆修史了，朕升你为秘书郎，就在中书内省与弘文殿间行走。"李世民对岑文本的文采与胆识是赞赏的。三年后，岑文本被提为中书侍郎，成为皇帝身边的近臣。

岑文本这位皇帝身边的中书侍郎，无宰相之名而有宰相之实，长达十四年之久，直到岑文本临终之前，李世民才正式任命他为中书令，给他戴上了一顶宰相的乌纱。李世民对岑文本为什么这么慎重，考验如此之久？

贞观十八年，李世民立晋王李治为太子，这就是说，十几年的皇储之争一锤定音了。这时他对岑文本说："朕这一辈子佩服过两个人，武略是颉利，文韬就是你了。"这话是什么意思呢？开创贞观之治，李世民第一担心的是外患，所以说佩服颉利；第二担心的是内乱，即储位之争引起的内乱，所以说佩服这位以权谋之术行走在皇帝身边、暗中支持李恪的岑文本。

在皇室内部，长孙一脉与杨妃一脉的争斗，如果处理不好，就是内乱之源。李世民取得政权，一半是靠长孙一脉的支持。李世民掌权后立皇长子李承乾为太子，就是不忘长孙一脉。李世民设立东宫辅佐太子，同时也十分注意平衡自己儿子们的势力。既不让东宫的力量太强，以免威胁到自己的王位；也不能让太子太弱，为其他皇子所凌驾。李世民的切肤之痛就是不愿意看到玄武门之变的悲剧重演。李世民之所以关注岑文本，不仅因为岑文本的才能，也因为掌握了岑文本，就掌控了皇子间争斗的平衡。由此看来，李世民说在文韬上佩服岑文本，说明岑文本善用权术，李世民是把岑文本作为难得的对手来看待的。

岑文本做每一件事都谨小慎微，时刻关注皇上的心理，顺着皇上的意图行事。他为了李恪，采取卧薪尝胆、静观其变、顺势而为的策略，"身在曹营心在汉"，用十三年的时间布了一个奇局，促使李承乾、李泰这长孙一脉的皇子内斗，两败俱伤，从而为李恪进入东宫扫平道路。岑文本的心计瞒不过皇上的眼睛，但竟然让皇上抓不住他一丝把柄，所以李世民把岑文本称为才识最高的一个"奇人"。

岑文本时刻处在皇上的考察之中，他有才、有志、有计谋，但心中追求的目标与皇上不同。李世民是把岑文本看做才识卓越的干臣而重用着。驾驭智谋之臣，李世民不仅用礼，也善于用术。用现在的语言表述，李世民与岑文本似乎是一种联合统战的关系，李世民对岑文本是以"合而不同"的朋友相待的。因为皇上在治理国家时也需要各方面有威信的重臣相辅佐，这是李世民任用贤能的一个特点。

对岑文本这样的智谋人才，李世民是怎样使用的？我们将通过下面两个故事进行分析：

左屯卫军哗变引起的政潮。

岑文本常常自己与自己下棋，他借下棋而论处事，对李恪说："臣能在朝堂上战战兢兢走到今天，靠的就是这么点一心三用的本事。**下着自己的，盯着对面的，还要留心旁边看的。**"具体到朝中这盘棋，他帮助李恪出招：下着自己的；盯着东宫，就是盯着太子和长孙无忌；留心旁边看的，最主要的就是留心皇上，分析其心理，争取赢得皇上的赞赏之心。

太子李承乾推荐自己的侍卫常胜为左屯卫翊府中郎将，被皇上批准，这等于让东宫掌握了守卫京畿的十六卫中的一卫——左屯卫军。

常胜原是隐太子李建成的侍卫，李承乾万没有想到，常胜在武德六年就是隐太子派到秦府的卧底，骗得了太子李承乾的信任。李建成被李世民斩杀后，常胜便立下死志，决心颠覆李世民，为隐太子李建成报仇。太子李承乾要为皇上尽孝，要修翠微宫，常胜就鼓动太子私卖太仓的战备粮赚取差价，借机倒空太仓的北伐军用粮，并让心腹挖开龙首渠，使左屯卫军吃霉米中毒，从而策动了左屯卫军的哗变，最后常胜竟让心腹吴庆带人杀死自己，以杀害朝廷大员的重罪将左屯卫军逼上了反路。同时，隐藏在边地的隐太子侍卫孙达联络颉利进攻大唐，与左屯卫军的哗变相配合。这是一连串的颠覆朝廷的大阴谋。李世民亲自到大营平息了左屯卫军的哗变，并叫侍卫及时捕获了孙达，孙达的供状揭开了真相，证明常胜是卧底，并策划了兵变。

觊觎东宫的李恪认为这是对付太子李承乾的一个机会，他让亲信权万纪等联络了数名大臣一齐上奏，借兵变之事做文章，目标直指太子，给皇上出了一个难题，挑起了一股政潮。李世民一看就知道他们的用意和幕后的指使者是谁。

为了平息李恪一伙人威逼太子的政潮，李世民用了与李恪关系密切，同时又是李恪老师的岑文本。李世民把岑文本召到承庆殿，将一份孙达的供词递到岑文本手上，说："这番刀光剑影让朕明白了，一个国家最可怕的是什么？是内乱呀！常胜苦心经营，甚至不惜为隐太子殉葬，谋的就是一个'乱'字。"李世民用眼睛看着岑文本说："难道朝中就没有第二个常胜，想利用别的皇子，掀起一场政潮，然后引狼入室吗？"岑文本听了一惊，他已经揣摩出了皇上的用意是提醒自己不要做第二个常胜。李世民说："你是中书侍郎，是朕身边的近臣。这份供词，除了你，朕没有给别的大臣看过。如果不将它公之于众，朕就无法处置太子在太仓这件事上的过失；可如果将它公之于众呢，左屯卫军的统领、将军，居然是个奸细，朝廷内外势必杯弓蛇影，人人自危，军心、民心也将受到重创，还谈什么北伐？**朕觉得只有你能帮助朕想出个应对的良策！**"

岑文本看了李世民一眼，然后一步走到桌边，把那纸供词伸到烛火前点着，说："这就是臣的主意，为了国家安定和北伐大计，只能把这两份供词一起销毁，让此事永远成为一个秘密。"李世民诧异地问，另一份供词呢？岑文本回答："另一份在大理寺监狱里，就是孙达本人，请皇上降旨立即将其处死！"

这次谈话之后，李世民宣布由**岑文本负责处理左屯卫军哗变的善后事宜**。过了几天，岑文本上奏，他已查清（其实他根本就没去太仓），哗变是由于太仓总管胡成玩忽职守，致使太仓粮食遇到雨淋，霉米流入营中，请以渎职罪将胡成革职流放三千里；此次哗变发生后，几位大将从北苑及时赶回，护驾有功，应予旌表；已故左屯卫中郎将常胜，恪尽职守，阻挡乱兵，以身殉职，应予厚葬，并追封为侯爵，以彰其忠烈。

李世民批复说，左屯卫军出了点乱子，很快就平息下去了，这说明禁卫军兵练得好，将选得对，对这些功臣应再各升一级。常胜死得很英勇，是为将者的楷模，追封他为平原侯，在忠烈祠里永享供奉！接着，李世民又下了一道谕令，调程怀亮（李恪的姐夫）出任左屯卫翊府中郎将，使李恪一党掌控了一支重要的禁卫军。政潮就这样平息了。

岑文本的做法遭到了李恪的强烈质疑，他对李恪说，这样做是为了稳住大唐的朝局，**不能与皇上为敌**。

李世民此时的重心是准备北伐，他需要稳住军队的士气，更需要朝廷内部的安定。李世民相信岑文本的胆识，所以让岑文本处理善后事宜，将风波化于无形。李世民对岑文本的机敏果断是满意的，两人共用的就是权谋，将计就计，稳住朝局。李世民的另一道谕令是给李恪一党一个左屯卫翊府中郎将的位置，这是对岑文本、李恪顾全大局的奖赏，从而令其心服口服。

岑文本受命平息并省官员引起的政潮。

李世民为提高官府的办事效能,决定并省官员,派吏部尚书侯君集执行了四中裁三的精简方案,将政府的编制控制在640人,只有考试优等者才能入选,原官员中的四分之三,也就是两千多名官员将被裁减而失掉饭碗。山东籍的工部侍郎王子廷因落选而自尽,朝廷官员借此聚在王家灵堂前,罢朝不归,这些朝廷官员中最多的是山东士族人士,他们以死人压活人,要挟皇上罢免侯君集,停止并省官员,实际上是为了保住他们自己的俸禄。

李世民在弄清有人用谣言乱国的真相后,让山东士族的头面人物岑文本速去王子廷的灵堂,向众官员说明事实的真相。岑文本也是反对四中裁三方案的,因此感到为难。李世民看着岑文本说:"你怕他们不听你的劝告,那就把朕的话带给他们,不要指望用这种方法改变朕并省官员的决心,他们可以以一己私利弃天下,朕也可以为了天下而弃他们!缺了谁也不怕!"这话是说给灵堂前闹事的官员听的,更是说给他们这些重臣听的,岑文本只好领命。

岑文本再次来到王子廷灵堂前,哭着说明了事实真相,并指出一些人以哭灵为名行要挟朝廷之实,没有半点士族风范。他说:"士族是肩负天下兴亡的栋梁,是仁、义、礼、智、信五德合一的精英。你们今天为了一己之私利,却绑架一个死人,用他来恫吓朝廷!如此的自私和卑鄙,令先人们齿寒。"岑文本说得众官员无地自容,纷纷认错,各自归散。随后,岑文本安排了王家妻儿扶灵还乡的事宜。

众人散尽,岑文本进宫向李世民复命。李世民说:"你岑文本就是能办大事的人!"李世民告诉岑文本他一直在思索的一个万全之策:按640人制定《职官令》,按律令授官;对裁下来的官员,念着他们的功绩,让他们做没有实职的散官,不用按时到衙门点卯公干,只按品衔保留一定的俸禄,依级别参加朝廷的庆典。职官出缺后,可以从散官中择优选出。贞观时期这种散官制,为后世的政府机构精简整编提供了成功的范例。

李世民问:"这个设立散官的思路是否可行?"岑文本跪拜:"这真是两全其美的法子呀!"李世民拍着岑文本的肩膀说:"那就这么定了。关于散官的设定,你去写个奏章给朕,朕批给吏部去办吧。"岑文本说:"这是皇上施恩给群臣,臣怎敢夺主上的恩德?"李世民说:"你在山东士族里面素有威德，这次你帮助朕劝退了王家灵堂里的官员，要是不给你一个机会挽回局面，以后你这个中书侍郎还怎么当下去？朕也得有几个在百官中说话有人听的重臣才行呀！"岑文本感激涕零，表示要尽心为朝廷办事，报答皇上。李世民用岑文本的文采与威望，也实实在在为岑文本的处境着想，虑事周全，令人佩服。

在《贞观政要》的"任贤篇"中，吴兢所列举的八大贤人中并没有岑文本。但李世民对岑文本的才学胆识是肯定的，他团结岑文本，诚恳地任用岑文本去处理危局，设身处地为岑文本着想，以平衡各方的利益关系。李世民这种维护大局、团结各方重臣的智慧，为后人做好统战工作提供了先例。

7 帝王心术：找张合适的嘴

魏征审案。

先说一下背景资料：李世民为破颉利，秘密北巡，准备与突利会盟。期间，李世民被困在边地马邑，生死不明，与朝中音信隔绝两个月。太子在京都监国。皇子李恪借机蛊惑，要抓住太子的把柄；颉利放风说李世民死在马邑，并造了一座假坟，以制造长安内部的混乱。百官闻讯，纷纷进表劝太子登基。太子在侯君集的怂恿下，作了登基的准备。正在这时，李世民从边地赶回长安，他在城外了解了京城的情况后，首先命李勣带自己的手谕接管了十六卫军，太子和侯君集也被囚禁。太子因此失宠，朝中关于国储的废立议论纷纷，李恪更是跃跃欲试。按照法律，篡位如同谋反，一个太子，一个大将，死罪无疑。而北伐在即，如何平息这一事件，成为大局稳定与否的关键。

李世民连续找多位重臣谈话，听取重臣的意见，同时也引导重臣理解自己的意图，贯彻自己的意图，以维护大局的稳定。

首先，说服容易搅局的李恪一党，最合适的人选是支持李恪的岑文本。李世民以明年科举的事儿为名，亲自到弘文殿找了岑文本，让他起草一个文告。岑文本深知李世民的本意，则说："眼前最急迫的事情不是明年的科举，**眼下朝廷最大的事情莫过于储君的去留**，这个问题解决不好，人心不稳，朝局不宁，北伐只能是一句空话。"太子和侯君集在军中的部众甚多，不管以什么理由重处二人，朝廷和军队势必会出现难以预料的混乱，这北伐的仗还怎么打？

李世民看着岑文本，顺势引导着说："看来，**你的意思是不要轻言废立的好**？"岑文本点点头。李世民进一步说："文本，侯君集那样待你，你尚且能够容他，替他说好话，你的胸怀让朕也感动呀。"岑文本在此恳请皇上赐罪，惩戒自己。李世民大声说："你已经尽力了，这中书侍郎你还得给朕当下去！不管别人怎么想，朕心里有本账。"李世民临走，还让马宣良把自己那件狐皮大氅给岑文本送来，他说这里凉，穿得少可不成。岑文本感动万分。回去后，岑文本对李恪说："臣看皇上心里早就有了主张，这么做不过是要**让臣来稳住你们**。"言外之意就是太子已经失势，储君的位置离李恪不远了。你李恪要沉得住气。岑文本教给李恪的方法是——"静观其变"和"事缓则图"。

其次，要服众，就要由人们公认为正直的人来审案断案，使人们认清国家的大局，把登基未遂的事淡化下来。主审这起案件的官员是关键，李世民用了一个让人意外的人选——魏征。人们都知道魏征这个人是最公正的，太子又和他有旧怨，所以李恪的心腹们欢欣鼓舞。李恪知道了皇帝与岑文本谈话的内容，他认为皇上这么做正是为了救太子和侯君集。魏征好名，他审此案，最怕的就是把太子判重了，别人说他公报私仇，所以魏征定会尽力为太子洗脱罪名。**李恪不得不佩服父亲的手腕**，魏征是有名的直臣，让他为太子等人洗脱罪名，岂不比皇上自己强压下去更能让天下人服气？

魏征是个干吏，两次提审就把事情弄得清清楚楚。魏征的方法很简单，就是攻心术。魏征知道侯君集和海棠的父女感情非比寻常，因此先审海棠，审前先告诉她，侯君集的旧伤复发了，痛得厉害。海棠听了直掉眼泪，她不忍心让年迈的父亲受到严惩，就把事情交代了出来，把罪过揽到了自己身上，想替父亲开脱。

审侯君集并不容易，他虽身陷囹圄，但傲慢如常。魏征看到侯君集的遍体旧伤，有火也发不出来。他拿起海棠的供状晃了一晃，说："你不想招也无妨，反正有人已经招了，太子妃一口咬定带兵南下是她的主意。我这就回宫向皇上禀报审案结果。"侯君集一听心里发慌，拦住魏征，问："太子妃真是这么招的？"魏征说："按理这供状是不能给人犯看的，今儿个我就给你破一回例！"说着，把海棠的供状递了过去，侯君集一看，抬头嚷道："太子妃分明是在撒谎，你审我吧，想知道什么，我统统都告诉你。"于是，侯君集坐下来，把事情的经过陈述了一遍，又老老实实地在供状上画了押。

李世民看完长长的供状，问坐在一旁的魏征："这件事该如何处置？"

魏征告诉李世民，兵部已经证实，颉利确实在阴山脚下立了一座皇上的坟墓，由此可见，颉利的确实施了离间之计，太子和百官是受奸计所惑，才筹备登基大典的。不过太子本人屡次拒绝劝进，这一点可以找到很多证人，恒连（皇上三年前派到东宫的卧底）的密信也可为证。因此，他认为太子的谋逆罪名不能成立。

李世民见魏征的主张和自己的期待完全一致，才放下心来。李世民问："他们（侯君集和太子妃）裹挟太子到飞虎军中然后带兵南下，这可不是件小罪呀！"魏征说："按理，这是一条不赦之罪，应该重办。但是飞虎军是朝廷不可示人的利器，事关北伐成败，决不能昭于天下，所以臣以为这一条只能瞒下来，不能依罪论处。"

李世民看着魏征道："玄成呀，你一向恪守法度，难道就不怕在这件事上将自己一辈子的清名都毁了吗？"魏征说："为了打败颉利，皇上拼着性命秘密北巡与突利等会盟，臣难道为了一己私名就置大唐的危亡而不顾吗？这是大局呀！"

李世民十分感动地说："要是人人心里都有这个大局，北伐何愁不胜？就按你说的办吧。你来拟旨，明日就颁布于朝廷，太子、太子妃即刻回东宫思过，侯君集革去军职，保留公爵头衔！让臣民们早些安下心来，准备北伐。"一场偌大的风波就这样平息下去了。这既保护了飞虎军，也为即将开始的北伐准备了利剑。

魏征断案，与前述的马周断案相似：既重事实，更重效果，着眼大局，举措适宜。李世民为平息这场风波，选中了能准确理解自己本意、说出自己想说而又不便直接说出的话的名臣岑文本和魏征，这才是会用人的、精明的领导者。领导者精明高超的领导力与各级重臣精明笃诚、创造性的执行力的巧妙结合，是贞观之治用人艺术的精华。

8 "慈母之手" 与 "钟馗利剑"

前面我们讨论了李世民识人用人的问题，尤其是在关键的时刻，在关键的事件中，用上关键的人的成功艺术。下面我们将讨论李世民御将御相的帝王之术，这是作为一个领导者必备的素养，也是作为一个贤臣良将必须领悟且不可忽视的问题。

唐太宗李世民之所以能够在短短 20 年间打造出一个彪炳千秋的贞观盛世，成就一世伟业，举能任贤是一个根本原因。李世民不仅有识人的慧眼，容人的雅量，而且有一套高明的御臣之术，也就是善于运用权力驾驭能臣名将的帝王之术，用现在的说法就是有高超的管理手段与领导艺术。

作为一个管理者，不论是古代的帝王，还是今天一个组织的领袖，在"权力掌控的游戏"中，除了制定明面上的规则目标、奖罚制度之外，还要善于运用一些不易言明的"隐性手段"。这种手段在古代可以称为"恩威并施"，我们今天也俗称为"胡萝卜加大棒"，国外有个企业家将这种管理艺术称为"慈母的手中紧握钟馗的利剑"！

那么，李世民是如何运用他的"慈母之手"，又如何挥舞这把"钟馗利剑"的呢？从李世民处理与李靖、尉迟敬德、李勣、房玄龄等重臣的关系可见一斑，其中的微妙，颇值得我们细细玩味。

关于大将军李靖。

贞观四年（630年）春天，李世民正式登坛拜将，亲赐御剑，将几十万兵马的指挥权交给了李靖，诏告天下，向颉利宣战。这是皇上多么大的信任！名将李靖不负众望，带领飞虎军出奇兵，一举平灭了东突厥，为大唐帝国立下了不世之功。但是在凯旋之日，本来准备接受嘉奖的李靖突然被人狠狠地参了一本。参他的人是时任御史大夫的温彦博，弹劾的理由是"（李靖）军无纲纪，致令房中奇宝，散于乱兵之手"。

听到自己被弹劾的消息，李靖就像从三伏天一下子跌入了冰窟窿里，忧惧自然袭来。"致令房中奇宝，散于乱兵之手？"李靖一边硬着头皮入宫觐见皇上，一边想着这个让人莫名其妙的弹劾理由。温彦博人在朝中，天知道他是用哪一只眼睛看见数千里外的乱兵哄抢突厥宝物的。就算他所说属实，可自古以来，在外征战的将士一旦打了胜仗，随手拿几件战利品也是常有的事，犯得着上纲到乱纪吗？相对于"平灭突厥"这样的不世之功，那几件所谓的"房中奇宝"又算得了什么？李靖摇头苦笑。

这种事其实是可大可小的。往小了说，就是个别士兵违抗主帅命令，犯了军纪，大不了抓几个出来治罪就是了；往大了说，却是主帅纵容部属趁机掳掠、中饱私囊，不但可以把打胜仗的功劳全部抵消，而且主帅完全有可能为此入狱乃至前程尽毁。李靖感到了"鸟尽弓藏，兔死狗烹"的恐惧，似乎有一只翻云覆雨的手正在等待着自己。此时，李靖看到李世民的脸上果然罩着一层可怕的冰霜。

李世民根据温彦博的奏章中提到的那些事端和理由，把李靖劈头盖脸地训斥了一顿，却矢口不提此战的功绩。李靖不敢辩解，只能频频叩首谢罪。

有一天，李世民忽然又传召李靖进宫。李靖带着一种赴难的心情去见皇上。可是，这回皇上的脸色却平和了许多。李世民用一种语重心长的口吻对他说："从前隋朝的将领史万岁击败西突厥的达头可汗，回朝后却有功不赏，被随便安了一个罪名就杀了，这些事情相信你也很清楚。不过你放心，朕是不会干这种杀戮功臣的事情的。朕决定赦免你的罪行，奖励你的功勋！"听完这席话，李靖忧愁恐惧的心情被一种喜获重生的庆幸和感激所代替。随后，李世民下诏加封李靖为左光禄大夫，赐绢千匹，并赐食邑（与前共计）500户。

又过了几天，李世民又对李靖说："前些日子有人进谗言，说了一些对你不利的话。朕现在已经意识到这一点了，你可千万不要为此介怀啊！"随即，李世民又赐绢2 000匹，拜李靖为尚书右仆射。那一刻，李靖真的有一种冰火两重天之感。几天前还在担心被兔死狗烹，现在居然出将入相、位极人臣。如此跌宕起伏的境遇真是让他无限感慨。

换言之，李靖算是实实在在地领教了一回天子的恩威：一边是皇恩浩荡，如"慈母之手"化育万物；一边又是天威凛凛，如"钟馗之剑"森冷逼人！李靖在感恩戴德之余，不免惶恐之至，从此平添了几分临深履薄的戒慎之心。

贞观九年，李靖再度出师，大破吐谷浑，却又再次遭人诬告谋反。他吸取了上次的教训，赶紧闭门谢客，低调做人。虽然史书称唐太宗很快就把诬告的人逮捕治罪，证实了李靖的清白，可李靖却从此"阖门自守，杜绝宾客，虽亲戚不得妄进"。从某种意义上说，在李世民恩威并施的"特殊教育"之下，这正是一个担心功高震主的臣子最后必然会有的一种选择。

9 恩威掌分寸，时念紧箍经

前面说过，尉迟敬德在玄武门之变中功不可没，甚至救过李世民的命，尉迟敬德也因此成为大唐的名将和功臣。但李世民对待尉迟敬德则是以史为镜，训诫在先。

贞观六年九月，李世民在武功的庆善宫赐宴百官，宴席上一派喜庆气氛。尉迟敬德却怒容满面，因为有个功勋并不高的将领，座次在他之上。于是尉迟敬德借着酒劲发威怒喝："你有何功劳，座次居然在我之上？"对方低头不敢吱声。坐在尉迟敬德下面的任城王李道宗赶紧过来劝解。没想到尉迟敬德却青筋暴绽，猛挥一拳，把这位亲王的脸打得出血。李世民龙颜大怒，当即起身拂袖而去。宴会不欢而散。

宴席散后，李世民把尉迟敬德叫到面前，说："朕过去对汉高祖刘邦诛杀功臣之事非常反感，所以总想跟你们同保富贵，让子孙共享荣华，世代不绝。可是你身为朝廷命官却屡屡触犯国法，朕到今天才知道，韩信、彭越之所以被剁成肉酱，并不是刘邦的过错。国家纲纪，惟赏与罚；**非分之恩，不可常有！**你要深加反省，好自为之，免得到时候后悔都来不及！"听完皇上的这些话，尉迟敬德深感皇权可畏，全身都被冷汗浸透了。

从此以后，这位沙场猛将一改过去的粗犷和豪放，变得谨小慎微，唯恐越雷池半步。他知道，要想保住自己的项上人头和整个家族的荣华富贵，就必须学会自我克制，而且要比任何人都更懂得自我克制。尉迟敬德从此夹起尾巴做人，但是李世民还是没有忘记随时敲打他。

贞观十三年，李世民和尉迟敬德谈话，忽然话锋一转，李世民问："有人说你要造反，是怎么回事？"尉迟敬德一怔，马上明白了，皇上这是在对他念紧箍咒啊！于是尉迟敬德提高嗓门，大声说："是的，臣是要造反！臣追随陛下征伐四方，身经百战，今天剩下的这副躯壳，不过是刀锋箭头下的残余罢了。如今天下已定，陛下竟然疑心臣要造反！"话音未落，尉迟敬德解开上衣，遍身的箭伤和刀疤赫然裸露在李世民的面前。

李世民尴尬地看着这个跟随他出生入死的心腹猛将，那一道道触目惊心的伤疤仿佛在述说着当年浴血奋战的悲壮和艰辛，以及君臣之间同生共死的特殊情谊。李世民的眼眶湿润了，他随即和颜悦色地对尉迟敬德说："贤卿快把衣服穿上，朕就是因为不怀疑你，才会跟你说这事，你还埋怨什么？"

李世民运用"恩威术"，很善于把握一种分寸，既不会一味施恩，也不会总是发威，而是在二者之间维系一种微妙的平衡，免得恩德生怨。经过这次敲打，尉迟敬德越发低调内敛，而李世民自然而然地收起了"大棒"，很快就给出了一根足以让尉迟敬德受宠若惊的"胡萝卜"。

有一天，照旧是君臣间在说话，李世民说着说着忽然冒出一句："朕打算把女儿许配给你，不知贤卿意下如何？"尉迟敬德自然感到分外诧异。

这一年，尉迟敬德已经55岁了，而太宗皇帝本人也不过才43岁，他的女儿能有多大可想而知。不说皇上的女儿身份尊贵，让人不敢高攀，单就年龄差异来说，也简直差得离谱。尉迟敬德毕竟仕途多年，立刻跪地叩首，谢绝了皇上的好意。他说："臣的妻室虽然出身卑微，但与臣共贫贱、同患难已经几十年了；臣虽不学无术，但也知道古人富不易妻的道理，所以迎娶公主一事，实在非臣所愿。"李世民微笑颔首，没再说什么。其实尉迟敬德很清楚，皇上之所以没头没脑地唱这么一出，无非是想表明对他的信任和恩宠罢了。所以，这事只能婉言谢绝。尉迟敬德虽然功高，但谨慎精明，所以和李世民配合得相当默契。

当皇上的，要善于表明自己的慷慨，不妨偶尔表示一下额外的恩典；做臣子的，要懂得恪守自己的本分，知道器满则盈，知足不辱。君臣之间，许多事情是点到为止，心照不宣的。人们常说，伴君如伴虎。在这种君臣博弈中，尉迟敬德的忧患之情越来越烈，有意淡出政治，栖心神仙道术以避祸患。

贞观十七年，尉迟敬德就不断上疏请退，随后便以"开府仪同三司"的荣誉衔致仕。直到74岁去世，尉迟敬德一直保持着这种远离政治的生活方式。这也是功臣的自保之策。

唐太宗李世民把这种"恩威并施"的帝王之术运用得炉火纯青，从而牢牢掌握住了手中的权力，与大多数元勋宿将相安无事、善始善终，而不至于像历代帝王那样，在江山到手、权力稳固之后就迫不及待地屠杀功臣，以致在历史上留下难以洗刷的污点和骂名。

10 恩威并施，先贬后用

贞观十五年（641年）十二月，时任兵部尚书的李勣突然患病，郎中给他开了一副药方，说必须要用"须灰"做药引子才能治病。所谓"须灰"，就是人的胡须所研成的粉末。李世民听说这件事后，立刻前去探视李勣，并且二话不说就剪下了自己的胡须，把它赐给了李勣。

李勣双手捧着这几绺天下最尊贵的"龙须"，当即跪倒在地，"顿首见血，泣以恩谢"。这副药引子的分量实在是太重了！李世民宽宏地一笑，说："吾为社稷计耳，不烦深谢！"李世民剪下这几绺胡须为李勣做药引，足见皇上对心腹之臣的敬重，而在李勣的内心所激发的，就是对皇上死心塌地的忠诚。这是李世民在晚年对大将施恩的一例。

贞观二十三年，李世民52岁，这也是他生命的最后一年。这年春天，他与79岁的李靖交谈奇正兵法时说，年轻一辈的将军里，像你这么能打仗又忠厚的人一个也找不到了，朕真的为太子担心呀。李世民借已故的房玄龄的话说，李勣能用兵，但除了朕，别人很难控御，将来天下总是要交给太子来治理的，太子那时又如何御之？李靖看出了李世民的忧虑，一语双关地说："这就不能用正兵，只能用奇兵了。——先找个理由贬谪了他，然后再让太子起用他，他一定会感恩图报的！"这是李靖临死之前对李世民的最后一个谏言。

李世民办完李靖的丧事后，把长孙无忌和李治召来，告诉他们，最近御史台有人参奏李勣贪功冒赏，明明只斩杀了300盗贼，愣说是斩杀了500盗贼。李世民让长孙无忌起草一道诏令，把李勣贬为叠州都督。李治谏道："这样处置他，是不是太重了？"李世民一脸怒意："治军贵在严，三五百人也不是小事，朕已经很久不处罚将领了，**对他们过于骄纵，会后患无穷的**，你不要充好人。"不久，并州来人禀报，说李勣接到皇上诏令，当天就往叠州去了。只有长孙无忌捋着胡须领悟到："皇上这是在安排后事了！"

五月的一天夜里，一代雄杰李世民离开了人世。李治立即下了一道诏书，赦免李勣，恢复他并州大都督府长史之职。一个月后，李治继承了皇位。李勣参加完李世民的葬礼，单独拜谒了新君。李勣取出一方大印递到李治面前，那是并州大都督府长史的将符，可以调动并州的十万精兵。李治问他何意？李勣答到："这军权臣早该交出来了，并州军已经跟了臣十多年，时间实在太长了。如果臣还继续带下去，恐怕将士的心中只有臣而没有君父了，这不但害了大唐也害了臣呀。恳求皇上恩准臣之所请，让臣踏踏实实地做一辈子忠臣吧！"

李治收起那道将符，说道："懋功（李勣的字），真没想到你有这样的胸怀，那朕就准了你的请求。明日起，你就入朝做尚书左仆射吧。"李勣如释重负，跪倒在地："臣谢主隆恩。"

这个"先贬后用"的决定，不但避免了李世民父子背上诛杀功臣的恶名，而且也为唐高宗一朝留下了一位忠肝义胆的开国元老和辅弼重臣。唐高宗总章元年（668年），李勣以75岁高龄挂帅出征，一举平灭了高句丽。这个曾经让隋文帝杨坚、隋炀帝杨广和唐太宗李世民三个皇帝倾尽国力、终其一生都无法战胜的强悍小国，最终在须发皆白的老将李勣手下，臣服于大唐帝国！可见，唐太宗李世民在临终前所走的最后一步棋，仍然影响着他身后数十年的历史。

11 君臣默契，各司其职

李世民的恩威并济，对于文臣而言，演绎的又是一个什么样的版本呢？

国家选贤任能，开创盛世，更要妥善处理好君臣关系。君臣之间只有遵守相处的规则，把好自己的定位，读懂对方的心理，才能配合默契，同舟共济。

房玄龄是李世民最信任、最得力的心腹重臣之一。贞观元年，李世民让房玄龄任中书令；贞观三年，拜尚书左仆射，监修国史，封梁国公，赐食封1 300户。唐朝爵分为九等，房玄龄享受的是仅次于开国郡公2 000户的待遇。这是李世民对房玄龄的重用与赏赐。房玄龄也是尽职尽责，忠心耿耿，史称其"既任总百司（即宰相），虔恭夙夜，尽心竭节。"

然而，对于房玄龄这样位高权重的宰辅重臣，李世民依然要使他在享有高爵显位之时，感受到皇帝那把"钟馗利剑"的寒光。

据《旧唐书》记载，贞观初年，房玄龄时常会因某些过错而遭到唐太宗的谴责，有时甚至一连数日都要到朝堂上叩头请罪。房玄龄任职宰相十五年，其中至少被停职过三次。

第一次是在贞观十年，长孙皇后病重的那些日子。《资治通鉴》称"时房玄龄以谴归私第"，也就是说他遭到唐太宗的谴责，被勒归私宅。长孙皇后临终前，特意为此事劝谏李世民："房玄龄久事陛下，小心谨慎，奇谋秘计，皆所予闻，竟无一言漏世，非有大故，愿勿弃之。"李世民这次是因泽州及太子的事将房玄龄"谴归私第"的，也是为了平衡朝中各派的势力，暂时把他"冷却"，希望在适当的时候再把他"解冻"，以让他更加谨慎地工作。

贞观二十年，房玄龄又一次被停职，时任黄门侍郎的褚遂良连忙上疏，列举了房玄龄对国家的诸多贡献："玄龄自义旗之始翼赞圣功，武德之季冒死决策，贞观之初选贤立政，人臣之勤，玄龄为最。"褚遂良接着说，假如不是犯了什么不赦之罪，就不应该把他摒弃；如果是因为他年迈体衰，陛下可以暗示他主动致仕。若非如此，只是因为一些小过失，希望陛下不要抛弃跟随数十年的元勋老臣。褚遂良的谏言句句在理，所以李世民很快就把房玄龄召回了朝廷。

房玄龄这次复职没多久，就再一次"避位还家"。朝中政务繁冗，可李世民一时又找不到什么好听的理由公开让房玄龄复职。一天，李世民忽然告诉侍臣，说他要去芙蓉园游玩。芙蓉园位于长安东南角的曲江，要去那里必然要经过房玄龄的宅邸。房玄龄得知消息后，立刻命子弟洒扫门庭。子弟问其故，房玄龄笑着说："皇上随时会驾到！"片刻之后，御辇果然"顺道"来到了房府的大门口，李世民就"顺便"进来看望赋闲在家的房玄龄，最后又"顺带着"用御辇把房玄龄接回了皇宫。

这表明了李世民和房玄龄之间的默契和相知。这也告诉我们，政治是聪明人之间玩的游戏。只有读懂人心，才能读懂政治！君臣关系也是一样。综观李世民对房玄龄既重用，又时不时地贬谪，我们不难解读出这样一些内涵：

首先，皇帝与心腹重臣的关系，既是谁也离不开谁的"伙伴"关系，又是界限不能模糊的"主仆"关系。"主"对"仆"自然离不开"恩"与"威"。

在这两重关系之下，一方面，李世民坚持"君使臣以礼"，以笼络重臣之心。李世民给予房玄龄尊贵的地位和显赫的官爵，寄予最大的信任，赐给他所能享有的最高恩典。比如把女儿高阳公主嫁给房玄龄的次子房遗爱，又让弟弟韩王李元嘉娶了房玄龄的女儿做王妃，以此加强双方的情感纽带和利益联结。这些都属于皇帝慷慨地"施恩""施仁"的范畴，以赢得房玄龄对自己的效忠。另一方面，李世民又必须不失天子的权威。正如诸葛亮所说："人君举措应天，若北辰为之主，台辅为之臣佐，列宿为之官属，众星为之人民。是以**北辰不可改变，台辅不可失度**，列宿不可错缪，此天之象也。"（见《便宜十六策·治国第一》）为考验"台辅不失其度"，李世民在授予宰相重权的同时，又必须经常玩一些"动作"，以显示皇权之威，检验自己对权力的掌控程度，以防被暗中坐大的"权臣"架空。所以，李世民时不时把房玄龄"谴归私第"或"晾在一边"，以此警示房玄龄不可忘乎所以，同时警示群臣不可妄为。

对房玄龄而言，他逐渐明白，皇帝手中的那把"钟馗利剑"看上去可怕，其实是一种威慑；只要自己忠心不改、恪尽职守，那把剑就不会落到自己的头上。房玄龄全盘领会了唐太宗试图传达给他的信息，所以他在兢兢业业、忠于本职的同时，也时刻准备着被皇帝"遣归私第"。一方面，他知道皇上离不开他，朝廷离不开他，所以他将"遣归"当做"度假"，不会诚惶诚恐；另一方面，他也深深懂得，自己所享有的一切荣宠和恩泽都是天子所赐，如果稍有不慎，随时会被天子全盘收回。房玄龄时刻保持戒慎恐惧之心，越是皇恩浩荡，越要谦逊辞让，尽职为官，低调做人。

这一切当然也被李世民看在了眼里，所以他对房玄龄越来越满意。贞观十六年，李世民又晋封房玄龄为司空，仍旧让他总揽朝政，并且监修国史。房玄龄再次上表请辞，李世民又下诏勉励他说："昔留侯让位，窦融辞荣，自惧盈满，知进能退，善鉴止足，前代美之。公亦欲齐踪往哲，实可嘉尚。**然国家久相任使，一朝忽无良相，如失两手**！公若筋力不衰，无烦此让。自知衰谢，当更奏闻。"

所谓**"自惧盈满，知进能退，善鉴止足，前代美之"**，正是李世民对臣下的一种要求，昭示做臣子的要能具备这样的美德，谙熟这样的游戏规则，那皇上自然就会放心。臣子越是谦让，皇上越会信任他，越敢把权力交给他。

正是由于李世民对房玄龄的信任，所以贞观十九年，当李世民御驾亲征高句丽的时候，他才会命房玄龄留守长安，把朝政大权全部委托给他，让他"得以便宜从事，不复奏请"。这实际上就是赋予了房玄龄皇权代理人的身份和权力。

面对李世民交给他的无上权力，房玄龄又是怎么做的呢？

有一天，房玄龄正在留守衙门办公，突然有人闯进来，说要告密。房玄龄问他告谁的密，那人说："告你的密！"房玄龄一听，连想都没想，立刻命人准备车马，把这个告密者直接送到了前线的天子行辕。

李世民听说留守送来了一个告密者，颇为诧异。以房玄龄的能力，他是不可能随随便便把皮球踢给皇帝的，更何况此时皇帝还在前线打仗。所以李世民断定，若非出于某种特殊原因，房玄龄是绝不会这么做的。李世民转念一想，马上就猜出了答案。李世民随即命人持刀列队，然后接见告密者，问他要告谁，那人回答说："房玄龄。"李世民冷笑一声："果然！"当即喝令左右，二话不说就把那个告密者腰斩了。事后，李世民给房玄龄下了一道诏书，责怪他不够自信，还说："更有如是者，可专决之！"这又是一个典型的按照规则来玩的政治游戏。

房玄龄虽然被皇帝赋予了专断之权，但是碰上这类事件，他是万万不能专断的。因为这件事实际上是把房玄龄推到了一个极为尴尬的境地，那就是应该恪尽一个留守的职责，还是应该谨守一个臣子的本分？如果房玄龄选择前者，自作主张把这个人杀了，那固然是尽了留守的职责，可皇帝一旦知道了这件事，会不会对房玄龄起疑心呢？会不会觉得房玄龄过于独断专行，因而对他产生不满和戒备呢？完全有这种可能。所以房玄龄宁可挨骂，也必须把这件事情交给皇帝处理。这么做，一方面可以证明自己的清白，另一方面可以表明自己的忠诚，最后还能够向皇帝传递出这样的信息——无论在任何情况下，他都会谨守人臣的本分，碰到必须由皇帝亲自处理的事情，他绝不会越俎代庖。

李世民的内心对房玄龄这种做法其实是很满意的。他之所以在听到告密者的回答时会说出"果然"二字，因为他了解房玄龄的性格，也知道房玄龄这么做的用心所在。可是即便李世民觉得房玄龄这么做是对的，表面上也必须"责怪"房玄龄，并且重申对房玄龄的授权和信任，这样才能展示一个皇帝用人不疑的胸怀。

总之，君臣双方其实都明白是怎么回事，但都要按照游戏规则把自己的角色演好。"君谋其政，臣谋其事。""北辰不可改变，台辅不可失度。"

12 帝王的法眼无边

《孙子兵法》的"用间篇"有句名言："明君贤将，所以动而胜人，成功出于众者，先知也。先知者，不可取于鬼神，不可象于事，不可验于度。必取于人，知敌之情者也。"总之，成功离不开"用间"，"三军之事，莫亲于间，赏莫厚于间，事莫密于间"。

李世民戎马一生，深知"用间"的重要性。在玄武门之变前夕，若不是杜如晦早先安排在东宫的眼线率更丞王晊的情报，也许李世民将被暗算而身首异处，历史也将另样改写；长子李承乾被派到叛军李艺队伍中做人质，若不是长孙无忌事先买通了李艺的部将杨岌暗中保护李承乾，并最后斩杀李艺，李承乾将性命难保，大唐江山也将面临威胁。李世民做了皇帝，要驾驭群臣，掌控国家，也把这一条制胜秘籍用得惟妙惟肖。

李世民秘密北巡时，太子李承乾监国。在李世民与长安音信隔绝的情况下，朝中百官积极拥护太子登基，而李承乾并不情愿。这时，太子身边的侍卫恒连（李世民安排在东宫的卧底），第一次送出去了一张用几个歪歪扭扭的字写成的字条，证明登基并不是太子情愿的，从而帮助李世民弄清了太子登基的真相。

贞观十七年，为保住太子的储君位置，大将军侯君集谋反，企图软禁皇上。当侯君集命令自己最信任的飞虎军将领屠长贵向皇上动手时，没有想到的是，屠长贵的剑锋却逼到了侯君集的脖子上。原来，早在飞虎军组建之时，屠长贵就是皇上派到飞虎军的卧底，这使得侯君集的图谋流产了。

皇帝最关心的问题有两个，一个是皇权，一个是军权。几次威胁到皇权或军权的关键时刻，都是李世民预先安插的卧底眼线为他扭转了大局。

为了消灭颉利，李世民用了三年的时间准备，最后将几十万大军交给大将军李靖，终于打败了颉利。但是，在千里以外的战场上，李世民早就在定襄军中安排下了自己的眼线，时刻给他提供密报。自古以来都是这样，能打仗的将军维系着一个王朝，而王朝的统治者最忌惮的又往往是最能打仗的将军。给予将军的权力越大，皇帝对将军的监控就越秘密。这与皇帝"用人不疑"并不矛盾，李世民在放手授权的同时，一刻也没有放松对拥有大权的重臣的监督。贞观四年，李世民对发生在边地的"白道大捷"一案的处理，就是一个证明。

白道大捷与五路西征。

突厥薛延陀部的夷男收罗了颉利的残部，准备与大唐抗衡。他的骑兵绕过阴山，前锋袭占了白道关口。负责监视夷男的张宝相率部反击，取得了白道大捷。夷男要举起反旗，此次只是一个试探行动。但张宝相考虑到边防已经安静无仗可打，大量军队撤回后将被解散，为保住自己和军队，有意夸大战果，谎报了夷男率二十万骑兵进犯的敌情。根据张宝相的报告，李靖和诸将拟订了一个五路反击的计划，请朝廷审定。这就打乱了朝廷陆续从边境撤军、息兵安民的安排，朝廷下令所有南撤的军队回到原防，并从洛阳起运粮草，支援边疆。张宝相谎报军情不仅欺骗了李靖，更是欺骗了朝廷。

李世民分析夷男不会有如此的实力，就暗中派人联络自己**派在定襄军中的眼线了解实情**，随时向朝廷密奏。

第一个向李靖说明真相的是通汉道行军总管李勣。李勣俘获了夷男的两员大将，从供词中得知夷男攻白道的兵不过 5 000 人，损失 800 多人，而张宝相所报的是 5 万人，被唐军击毙万人。李靖一听惊得面如土色，此时"五路西征"的计划已经上报朝廷。

现在该怎么办？一是把真相如实禀报朝廷，率部班师，这样张宝相将承担责任；二是把糊涂装到底，按计划西征，打完薛延陀部，再打吐谷浑、高昌。李靖与张宝相情同父子，张宝相曾三次救过李靖的命。李靖经过权衡，采纳了第二个方案，并且在西征的奏章上只署上了自己的名字，这是为了保住副帅李勣。

李世民的御臣之术，不仅在于布下眼线，使他能够随时掌握真实的情况，更在于他得知情报后处理危机的艺术，即给对方留足面子，不轻易"揭牌"，促成矛盾向有利的方向转化，这也是李世民处理危机的秘诀之一。

几天后，定襄军中眼线的密报和李靖署名的请求西征的奏章同时送到了长安。李世民愤怒了，他对李靖的忠诚产生了强烈的质疑——李靖到底要干什么？如今大唐的大半精锐都握在李靖和李勣师徒二人的手里，万一这两个人生出异心，后果将不堪设想。长孙无忌要求："事不宜迟，将他（李靖）调回长安严处。"李世民说："兵者，凶器也。换个法子，你去定襄一趟，先见李勣，再见李靖！以劳军为名，授李靖为光禄大夫，带李靖回京。"

送走长孙无忌后，李世民也做了最坏的准备。他手书密旨，派人火速送往驻防凉州的长孙顺德，令其率全部人马星夜回长安；同时连夜召见李恪，命李恪以给北平郡王突利祝寿为名，绕道前往定襄附近的柴绍大营。

半个月后，长孙无忌先来到通汉军李勣军营，告诉李勣皇帝准备调李靖进京出任右仆射，把北方的军事交给李勣，并说有人密奏张宝相谎报军情。李勣明白，皇上这是要收李靖的兵权了。长孙无忌先到通汉军来，就是让李靖猜忌自己，制造师生不和。自己与李靖斗得越凶，皇上就越安心；皇上安心，李靖和自己才能安身。于是，李勣主动向长孙无忌请罪，告了李靖的状，说李靖为了保全自己的部下，压住实情不报，执意要西征。李靖故意怀疑李勣告密，也向长孙无忌说了实情，承认是自己的错，张宝相救过自己三次，自己还不能救他一次吗？请长孙无忌转告皇上，希望留张宝相一条生路，并演了一场与李勣绝交的双簧剧，即将李勣端来的送行酒，有意甩到车外，以舍掉自己，保住李勣。

李靖随长孙无忌回长安，张宝相被押解回京，一场虚惊就此平息。

长孙无忌早把情况报告了李世民。车到了长安，李世民在潼关三十里外亲自迎接李靖。这让李靖百感交集，一头跪下，脱口而出："臣办了这么一件错事回来，是需要皇上指条路呀！"李世民接过话茬说："（现在天黑）灯朕可以给你打，路还得自己走呀！"李世民把自己的斗篷解下来，披在李靖身上。李靖要推辞，李世民坚持道："听朕的，你比朕大了二十几岁，该当心些身子骨才是。快！上朕的车，朕的车宽敞。"

李靖随李世民刚到太极殿，就遇见萧瑀正纠集了三十多个御史在太极殿前拦驾参奏李靖，说："李靖冒功邀赏，请皇上治其罪责。"

李世民拉着李靖对大家说："十五年来，卫国公（李靖）为大唐打了多少仗？这江山一半是他打下的，还用得着再邀什么功吗？今天是大喜的日子，否则朕绝不饶你！"李世民领李靖到承庆殿，摆下盛宴，为李靖接风。李靖从此在尚书省当了右仆射，所谓西征的事就再也没有人提起。

十三年后，李勣被提为左卫军大将军。李靖来到李勣的家，李勣觉得心中有愧，说："学生有负于大将军，当年五路西征的事，是我向皇上告发的，我狠狠地在您背后捅了一刀，您该记恨我才是呀。"李靖说："当时朝中最有势力的两个大将，你和侯君集都跟我学过兵法。要是我们三人联合，什么事情做不了？你不狠狠地捅我这一刀，皇上怎么能放得下心来？你捅的那一刀，已经延了我十三年的寿呀，我不该感谢你吗？"李勣说："这么说，大将军早就看透了学生的心意？这些年你一见面就一脸怒意，都是装的？"李靖一笑："要是连你肚里的这些花花肠子都看不透，我怎么还能当你的老师。"这就是功勋卓著的将军们的自保之术。

皇帝对臣下是恩威并济，重用与监控并举。作为将军、重臣，即使有再大的功劳，也要有自知之明，忠于职守，安分律己，摸透皇上的心，谨慎言行，低调做人，以求自保，这样才会得以善终。李靖这员老将，活了79岁；李勣在75岁时还立了战功。

需要说明的是，封建皇帝的御臣权术，与我们现代研究的领导科学、领导艺术是有本质区别的。前者的核心是为了维护帝王的统治，后者的核心是为了改善领导效能，不能混为一谈。帝王的御臣之法与大臣的避祸之方也是今人所不能效仿的。但是，吸取古人用人讲求艺术的思想，以提高自己的领导效能，则是应该的。对于领导者的用人之法而言，皇帝的授权与监控，和今天的依法授权与依法监督，却有相通之处；对于被任用者而言，古代大臣的**"自惧盈满、知进能退、善鉴止足"**的自觉自控意识，和我们今天领导干部的谦虚谨慎、戒骄戒躁、有自知之明的行为准则，也是相通的。历史在前进，时代在发展，崇古泥古当然不足取，但以史为鉴，以人为镜，领悟管理的哲理，创新管理的方法，则会受益无穷。

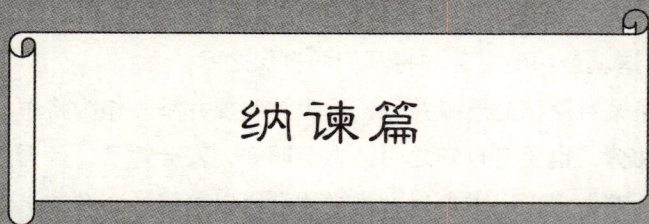

四

纳谏篇

闾阖总金鞍，上林移玉辇。野郊怆新别，河桥非旧饯。

惨日映峰沉，愁云随盖转。哀笳时断续，悲旌乍舒卷。

望望情何极，浪浪泪空法。无复昔时人，芳春共谁遣。

——李世民《望送魏征葬》

夫以铜为镜，可以正衣冠；以古为镜，可以知兴替；

以人为镜，可以明得失。朕常保此三镜，以防己过。

今魏征殂逝，遂亡一镜矣。

——李世民《贞观政要·任贤》

贞观之治的纳谏之风，成为李世民开明政治的显著特征。贞观的历史，留下了无数明谏、纳谏的智慧。重温这些明谏、纳谏的故事，对于今天融洽的、民主的开明政风的形成依然有着宝贵的启示。

1 兼听则明，偏信则暗

"兼听则明，偏信则暗"是一句成语，出自汉代王符的《潜夫论·明暗》。原文是这样的："君之所以明者，兼听也；其所以暗者，偏信也。是故人君通必兼听，则圣日广矣；庸说偏信，则愚日甚矣。""兼听则明，偏信则暗"已经成为开明君主的座右铭。

魏征多次引用此言，劝谏唐太宗效仿圣贤，"兼听纳下"，做一个明君。

贞观二年，唐太宗问："何谓为明君、暗君?"魏征答："君之所以明者，兼听也；其所以暗者，偏信也。"魏征引用诗经的话："先民有言，询于刍荛（割草砍柴的人）。"传说过去唐尧、虞舜治理天下，敞开四门招纳贤才，广开视听了解各方，因此能够无所不知，像共工、鲧等坏人就不能蒙蔽他。秦二世深居宫中，隔绝贤臣，疏远百姓，偏信赵高，直到天下大乱，百姓背反，他还不知道。所以魏征说"是故人君兼听纳下，则贵臣不得壅蔽，而下情必得上通也"，唐太宗很赞赏。

形成纳谏的政风，君王诚恳求谏是关键。

贞观之初，唐太宗为了使大唐强盛起来，努力创造宽松的舆论氛围，引导大臣向朝廷谏言，从而形成了君臣共商国是的良好风气。唐太宗说："君暗臣谀，危亡不远；朕今志在君臣上下，各尽至公，共相切磋，以成治道。公等各宜务尽忠说，匡救朕恶。"

"兼听则明，偏信则暗。"李世民对这一哲理是体悟深刻且贯彻始终的。贞观初年，唐太宗对萧瑀说："朕少好弓矢，自谓能尽其妙。近得良弓十数，以示弓工（给制造弓箭的匠人看）。乃曰：'皆非良材也。'朕问其故，工曰：'木心不正，则脉理皆邪，弓虽刚劲而遣箭不直，非良弓也。'朕始悟焉。朕以弧矢定四方，用弓多矣，而犹不得其理。况朕有天下之日浅，得为理之意，固未及于弓，弓犹失之，而况于（治国之）理乎!"意思是说，朕用弓多年，还未把弓之奥妙弄透彻，何况朕得天下才几日，所懂得的治国道理更无法与对弓箭的了解相比了。唐太宗还说，隋炀帝本来很聪明，但就是不让人说话，不知道自己的过失，结果导致隋朝灭亡。因此，李世民希望群臣直谏，"匡救朕恶"，帮助自己纠正错误或不足。从此以后，李世民下令召集五品以上在京官员，轮流在中书省值宿，并经常召见他们，向他们询问民间疾苦和政令得失。就这样，"纳谏"成为经常的制度坚持了下来。

李世民将"君臣合作治国"作为自己的志愿，真诚求谏。他建立了保证广开言路的制度，如健全封驳制度，允许提出反驳意见，反对盲目地顺旨施行；重视谏官的作用，诏令宰相们商议军国大事时，必须使谏官列席。先由民主谏净，最后由皇帝做出决断的议事程序，既提高了皇帝决策的正确性、权威性，又使各方能够统一认识，协同共事。

如何对待群臣的谏言？李世民说："言之而是，虽在仆隶刍荛，犹不可弃也；言之而非，虽在王侯卿相，未必可容。其义可观，不责其辩；其理可用，不责其文。"意思是说，别人提的意见，只要有道理，不论尊卑高下，都不可丢弃；其行为要求是合理的，就不要计较其言辞态度；其道理是可用的，就不要责怪其文辞。不挑剔，不责怪，不阻塞言路，择善而从。这是李世民求谏若渴的真诚态度。

李世民将大臣能否直谏作为衡量其是否忠于朝廷的标志。他以史为鉴，提倡直谏为忠，要求身边的重臣敢于直谏，并承诺自己要做到闻过则改。他举了一个晋武帝的丞相何曾的例子对群臣进行教育：晋武帝平吴以后，处事喜欢骄奢，不复留心治政。何曾对其子何劭说："吾每见主上不论经国远图，但说平生常语，此非贻厥子孙者也，尔身犹可以免。"他指着诸孙说："此等必遇乱死。"结果到其孙何绥，真的为淫刑所戮。历史上都赞美何曾有先见之明。唐太宗说："朕意不然，谓（何）曾之不忠，其罪大矣。夫为人臣，当进思尽忠，退思补过，将顺其美，匡救其恶，所以共为治也。（何）曾位极台司，名器崇重，当直辞正谏，论道佐时。今乃退有后言，进无廷诤，以为明智，不亦谬乎？**危而不持，焉用彼相？**"意思是说，何曾位为丞相，见到国家有危而不敢直言谏诤，加以扶持，怎么能用这样的人当宰相呢？

任贤纳谏不是权宜之计，而是必须贯彻始终的治国方针。魏征在论说"守天下甚难"时对唐太宗说："观自古帝王，在于忧危之间，则任贤受谏。及至安乐，必怀宽怠，言事者惟令兢惧，日陵月替，以至危亡。圣人所以居安思危，正为此也。安而能惧，岂不为难？"唐太宗理解魏征谏言的深意，说："公之所陈，朕闻过矣。"任贤受谏，不仅在忧危之时需要，在安乐之时也不能忘却。唐太宗对魏征表示，以年终为期，使君臣之间如鱼得水的关系明显地出现在今天。唐太宗说，希望魏征不怕冒犯，能够毫不隐讳地直言得失，自己会虚怀若谷，安定心态，恭敬地等待着魏征的善言。

李世民在晚年，专著《帝范》一书。李世民教导李治说，君王对于臣下的谏言，是主动热情地求之，还是主观武断地拒之，是明君与昏君的分水岭，是国家兴盛或是衰败的征兆。明主是主动纳谏，而"昏主则不然，说者拒之以威；劝者穷之以罪。大臣惜禄而莫谏，小臣畏诛而不言。恣暴虐之心，极荒淫之志。其为雍塞，无由自知。以为德超三皇，材过五帝。至于身亡国灭，岂不悲哉！此拒谏之恶也"。一句话，君王拒谏，自作聪明，必然身亡国灭。贞观年代，李世民求谏、纳谏，留下了许多感人的故事。

② 一条谏言，抵得上十万精兵

贞观之治的优良谏风是从李世民与魏征两个关键人物开始的。

魏征的故事在"明君篇"的"以人为镜，可以明得失"中曾经说及。现从李世民纳谏的角度加以分析。

在长孙无忌将魏征押往刑场的路上，李世民见到了魏征。李世民一剑劈开了魏征的囚车，下令把魏征连同李建成的几个死党一同释放。李世民说："朕也需要你这样一个敢言的忠臣，你愿意帮助朕吗？如果你愿意，朕这就任命你为谏议大夫。"

魏征一愣，对李世民道："如果你一定要我做谏议大夫，能答应我的第一条劝谏吗？"李世民说："你说。"魏征一字一顿地说："改礼葬隐太子。"

李世民沉思片刻，突然对长孙无忌道："传朕旨令，追封建成为息王，元吉为海陵王！按礼制厚葬。"魏征、王珪、韦挺和冯立闻言跪倒："谢陛下隆恩！"李世民俯身扶起魏征说："该说谢的是朕呀，只有礼葬隐太子，才能安天下百姓之心，全朕仁悌之义！**你的这条劝谏，抵得上十万精兵呀！**有玄成相助，天下可安矣。"

李世民为什么能够接受魏征的谏言，善待隐太子呢？魏征是敢于对旧主尽忠的忠臣，也是有治国之才的能臣。他的第一个谏言"礼葬隐太子"，既体现了他对旧主李建成的忠诚，更是从国家大局出发而提出的。玄武门之变后，李世民掌握了国家政权，但此时的大唐正面临突厥南下侵扰的危险。大敌当前，为了国家的利益，必须把家族兄弟间的仇怨看淡，以团结更多的人共同对付外族的入侵。人君在道德上也应是官民的楷模，德以孝为先，李世民杀李建成虽然是迫不得已，但礼葬李建成才是明君尽兄弟之悌之所为，才会使各方百姓心安。

从魏征的第一个谏言中，李世民清醒地看到，国君的首要责任是国家的安危重于一切，而"礼葬隐太子"，就是当时最关键的举措。这样做，首先是用和解的心态善待隐太子的余党，可以缓和内部矛盾，而且大多数旧臣也是大唐的忠臣，是愿意重新为国家效力的；其次是举起了道德的旗帜，可以凝聚人心，对兄弟尽义，更可以争取百官的同情。所以李世民称魏征是大贤，称魏征的谏言"抵得上十万精兵"。

李世民刚刚接受了魏征的谏言，安排完魏征等隐太子的旧臣，突厥颉利的前锋已经越过武功，到达长安城下。李世民深有感触地对长孙无忌说："四面楚歌呀，可今还有人坚持要杀了魏征等人，还嫌咱们的敌人不多吗？"这话是在说服已经是吏部尚书的长孙无忌，胸怀要大些，眼光要放长远。

可见，领导者要真正做到纳谏、任贤，关键是要有胸怀和远见，要排除个人恩怨，以国家大局为重；要撇弃党派之偏见，看到国家的长治久安。

3 从谏如流，智者为师

"从谏如流，智者为师"，这体现了李世民采纳众臣谏言的虔诚态度。

"主欲知过，必藉忠臣。"

李世民把忠臣之谏，作为匡正自己过失的明镜。贞观之初，唐太宗说："人欲自照，必须明镜；主欲知过，必藉忠臣。"如果君主自以为贤达，众臣对其过错不予以匡正，那么国家不危败，也是不可能的。如果君失其国，臣亦不能独全其家。所以，"公等每看事有不利于人，必须直言规谏"。

接受谏言，端正治国方略。

贞观七年，唐太宗与魏征讨论怎么做才能用短一些时间就实现大治。魏征说，尧舜治国，行无为而治的帝道，于是成就了帝业；周文王、周武王治国，躬行仁义爱民的王道，于是成就了王业。国家由乱到治，尽管治理颇难，但关键在于君王的正确治理与教化；要坚持偃武修文、以文治国的方略，力行以民为本的王道主张。这一主张在贞观初年魏征就向李世民提出了。李世民力行不倦，治国迅速见了成效，"数年间，海内康宁，突厥破灭"。唐太宗对群臣说："贞观初，人皆异论，云当今必不可行帝道、王道，惟魏征劝我。既从其言，不过数载，遂得华夏安宁，远戎宾服……使我遂至于此，皆魏征之力也。"

唐太宗看着魏征感慨地说："玉虽有美质，在于石间，不值良工琢磨，与瓦砾不别。若遇良工，即为万代之宝。**朕虽无美质，为公所切磋，劳公约朕以仁义，弘朕以道德，使朕功业致此，公亦足为良工尔。**"也就是说，李世民把魏征等大臣的直言看作自己的老师，看作能够雕琢自己，使自己改掉不足成为美玉的良工巧匠。

体察事理，择善而从。

在实践中，唐太宗纳谏，从不计较大臣们进谏的方式，而是体察事理，择善而从。比如国家规定，20岁以上的男丁才可从军。有一次，因兵员不足，右仆射封德彝奏请征调中男（即16岁以上，未满18岁的男子）为府兵，唐太宗也同意了。敕令下达到尚书省时，魏征却不予签署。反复几次后，唐太宗大为恼火，在御前会议上责问魏征为何如此固执。魏征毫无惧色地说，臣闻竭泽而渔，非不得鱼，明年则无鱼可捕。焚林而狩猎，明年则无兽可获。若次男以上，尽点入军，租赋杂役，将何取给，陛下不会不知道这个道理。在战争中，兵不在多，而在指挥有术，何必把未成年人拿去凑数呢？魏征进一步申明：**"陛下说过：'君主以诚信御天下'，今陛下即位未久，就已几次失信于民了。"**唐太宗一听大惊："哪些地方失信，你详细道来。"魏征举例说："臣记得陛下即位时，下诏说：'凡拖欠国家的赋税，一律豁免'，可是欠秦王府的赋税仍在催征。难道秦王府的赋税就不是国家的赋税？陛下又下诏：'关中免两年租调，关外免一年赋役。'随后却又下令：'当年已征的赋税劳役不予散还，以下年为始。'如此反复，就是失信于民。"唐太宗听了魏征的话，愧疚地说："朕原以为你不通达时事，为人固执，今听你之言，方觉精辟。如果有令不行，百姓会说朝廷没有信义，君主失信，如何能治理好国家？朕的过错太大了。"于是唐太宗下令停止点征中男，并赏给魏征一只金瓮。

贞观六年（632年），众官上疏请唐太宗封禅泰山，魏征屡言不可。唐太宗责问他："你不同意封禅，是因为我功业不高、道德不厚、天下不太平、年谷未丰，还是四夷未服？"魏征说："陛下功业虽高，但百姓还没有收到多少恩惠；道德虽厚，但恩泽还未遍施所有的人；粮食虽丰，仓库仍然空虚；华夏虽太平，但百废待兴，财力不敷。就好比一个病了十年的人，忽然一天病好了，但身体还是虚弱的。隋乱不止十年，陛下作为治世良医，虽解除了百姓困苦，但国力尚弱。这时祭告天地，意谓大功告成，窃以为是不太可信的。"唐太宗听了无言以对，终于取消了封禅泰山，唐太宗也成为历史上的盛世皇帝中唯一没有封禅泰山的人。

贞观后期，唐太宗不听劝阻，追求浮华享乐。魏征敏于观察，一叶知秋，于贞观十三年（639年）五月，针对唐太宗懒惰骄奢的十种表现，奏上了著名的《十渐不克终疏》，指出唐太宗的志业与贞观之初相比，有十个方面出现了今不如昔的变化，求治之心锐减，而骄逸之心渐萌。魏征说，人主善始者多，克终者寡，劝李世民要善始善终。唐太宗看后非常震惊，说："如果不是你的批评，朕还以为我今天的所为与贞观之初没什么两样呢。看来，人要做到自知之明很难啊！"唐太宗还说："朕将把它放在几案上，就像西门豹身佩软皮、董安于佩戴强弓那样，随时警戒自己。朕一定利用'东隅'之胜把'桑榆'之失及时弥补过来。"

唐太宗虚怀纳谏，使贞观年间敢谏之风盛行，除魏征外，王珪，戴胄、张玄素等大臣都是著名的敢直谏的忠臣。李世民善于纳谏，以诚信、仁义治天下，最终使唐朝出现了政治清明、国泰民安的局面。

◆4 克服弱点，树立纳谏政风

历史上凡是有作为的帝王，大都明白一个简单的道理，自己虽贵为天子，但个人的智慧毕竟是有限的，况且身居深宫，军伍、民间之情难以熟知，所以常常"举贤之急，求言之切，不绝于训辞"。周公有"一沐三握发，一饭三吐哺"，堪称求贤纳言之祖；魏征与唐太宗，一个敢谏，一个善纳，形成了敢于纳谏的政风。

其实，忠臣直谏不易，君王纳谏更难，形成敢于纳谏的政风不是一件容易的事。不论是君还是臣，都需要具有忠贞无私的品格和高瞻远瞩的眼光，都需要克服自身的人性弱点。

唐太宗也是人，也有面子和尊严，真正做到"从善如流"并不是一件简单的事。史书记载有这样一个"主圣则臣忠"的故事，在"明君篇"已经说及。现从君臣在"进谏"与"纳谏"时需要克服的自身弱点方面，再加以说明。

洛阳官员奏请皇上东巡，并花力气在修乾元殿，打算把乾元殿造得比前隋时还要巍峨壮观，以向皇上表孝心。洛阳是李世民当年打败王世充的地方，因此李世民也有心重回洛阳看看。既然要去，李世民自然喜欢风风光光。

太子的老师张玄素反对这样做，上了一道奏折说："东都大兴土木，修复乾元殿，要把它造得比前隋时还要高三尺，这实在不妥。"希望借此表功的张亮却说："乾元殿是皇上东巡时驻跸之处，怎么能修得比隋炀帝时还矮呢？"张玄素向李世民解释道："臣常见隋家造殿，伐木于豫章，二千人挽一材，终日行不到三十里。一材之费，已数十万工，揆其余可知已。昔阿房成，秦人散；章华就，楚众离；乾阳毕工，隋人解体。今民力未及隋日，而役残创之人，袭亡国之弊，臣恐陛下之过，甚于炀帝。"魏征在一旁接着说："如果陛下真的让东都官员将此殿修建下去，那皇上就和桀、纣无异。"李世民气得浑身发抖，指着魏征斥道："魏征，当着文武百官，竟如此大放厥词，看我不杀了你这田舍翁。"大臣们跪地求情，并劝魏征快向皇上请罪。魏征梗着脖子说："我没有罪。各位大人，不要拦皇上，如果皇上真要杀了我，我魏征就可以名垂千古了，后人只会痛骂皇上而歌颂我魏征呢！"李世民气得直打哆嗦，指着魏征高喊："你魏征想流芳百世，我偏不成全你！朕不和你治这个气！"说完，一步迈出承庆殿。

李世民受到张玄素、魏征的顶撞，觉得颜面扫地，一整天没有进食。掌灯时分，长孙皇后身着盛装站到了李世民面前。长孙皇后说："臣妾是为朝廷里有魏征这样的忠贞之臣来向皇上道贺的！"皇后放下食盒，说道："臣妾听说主明而臣直，如果大唐不是出了一位贤君，魏征敢这么冒死犯谏吗？自古进谏不偏激，不能促动人主之心，所谓狂夫之言，圣人择善而从，请陛下想想这个道理。"李世民显然被皇后的举动和话语打动了，心想：修建洛阳宫并非急务，何故被称为昏君之举？

用过膳，李世民来到弘文殿，与当值的长孙无忌聊起了《秦始皇本纪》。长孙无忌谈到秦王嬴政十年统一六国，英才盖世，但称始皇帝后，却再也听不进去任何意见，谁讲真话就被贬斥诛杀，连自己的儿子扶苏就焚书坑儒一事提出忠告，也被他赶出朝去。从此，暴政行于天下，故秦虽强，终不过二世而亡。李世民陷入沉思，他说："鉴古知今呀，作天子的，功业到了登峰造极的时候，就是最危险的时候了，再往前一步便是孤家寡人。越是英明神武超凡卓拔的君王，越容易成为国之大害。"李世民感到自己"真该反躬自省了"。

三天后，李世民**恢复了朝臣上疏评议朝政的制度**。魏征提出："皇上威信日隆，百官不知道皇上是不是还愿意听大家讲真话？"李世民说："玄成所言极是，有人对朕说过，君明臣直。朝臣一味曲意逢迎，不讲真话，那一定是天子出了问题！朕今儿个就向大家认个错。请各位尽管直抒胸臆，你们越说真话，朕越高兴。"这个故事说明，**直谏难，纳谏更难**。

唐太宗与魏征讨论大臣不敢议政是何原因。魏征说："古人云：'未信而谏，则以为谤己；信而不谏，则谓之尸禄。'但人之材器，各有不同，懦弱之人，怀忠直而不能言；疏远之人，恐不信而不得言；怀禄之人，虑不便身而不敢言。所以相与缄默，俯仰过日。"唐太宗说："诚如卿言。朕每思之，人臣欲谏，辄惧死亡之祸。故忠贞之臣，非不欲竭诚。竭诚者，乃是极难。"

对皇帝而言，帝王有至高无上的权力，一言九鼎，君与臣的权力不平等，"君让臣死，臣不能不死"，使得下属很难提意见，这是权力的弱点。封建帝王则是公权与私利的合一，容易公私不分，甚至假公济私。权力越大，越容易自以为是，听不进别人的意见，因此纳谏成为古今难题。

李世民善于纳谏，能够克服这两个弱点：人性的弱点和权力的弱点。有学者认为，他纳谏的动力来自强烈的历史责任感。一是江山得来不易。李世民的权力得来是逆取，而不是顺接。一个玄武门之变，成为其终身的隐痛。他要改变人们的坏印象，只有交出更好的答卷，一心为公，强国安民，成为一代明君。二是时代的要求。唐朝是中国长期分裂后的统一王朝，有条件吸收历史上各代王朝兴衰的教训，这使得李世民能够站在历史的最高点上，以古为鉴，治理天下，不会重蹈隋朝亡国的覆辙。三是有高度的自信。李世民的功业是在当皇帝之前建立的，他的才干有证在先，纳谏并不是因为他的昏弱，而是他明智用贤的圣举。所以他看重贤臣治国的价值，敢于要求大家评议朝政，献计献策。四是注重研究历史经验。二十四史被称为"正史"，其中有三分之一的正史是贞观时期整理出来的。君臣以史为鉴开创未来，历史经验成为进谏与纳谏的主题。

魏征的年龄比李世民大 19 岁，他是亲历了隋唐两朝的老臣。他之所以敢于直谏，不怕触犯龙颜，甘冒杀头之风险，是出于其忠诚的品格和良臣的历史责任感。魏征的直谏首先是其性格耿直所致，他有治国之才，有报效国家之志，但在李建成府上不被重用，遇到李世民这位从谏如流的明君，真是如鱼得水，才智得以施展，他以此为荣；其次是因为他感谢李世民的知遇之恩，儒学信奉"士为知己者死"，他把对皇帝"将顺其美，匡救其恶"作为谏议大夫忠于朝廷的职责，也相信李世民这位明君能够认识自己的才智，理解自己的忠贞。所以，魏征才肯于将自己的终身抱负与大唐的事业兴旺融为一体，将个人安危置之度外，甚至死而无憾。

形成敢于纳谏的政风，除了要有李世民这样的明君，有魏征这样的一批良臣，还要有良好的制度作为保证。在贞观时期，朝廷确立了谏官的制度和权威，建立了大臣评议朝政的机制，鼓励各级官员直抒胸臆、尽职尽责，最终使进谏纳谏成为政治开明的体现，形成了群策群力、依法治国、君臣共治的局面。

⑤ 洗心革面，自津为先

皇帝纳谏有多种，有的谏言是帮助自己释惑解疑，有的谏言是指出自己的过错，就是"匡正己过"，皇帝往往要放下身架，改正自己的言行，这是十分不容易的。李世民在贞观年代能够闻过则喜，用今天的语言来表达，就是有敢于自我革命的精神。

贞观二年，郑仁基的女儿郑丽琬，年方十六，聪明伶俐，容色绝姝，时人莫及。长孙皇后访求得之，请备嫔御（纳为皇帝的侍妾），唐太宗乃聘为充媛。诏书已出，策使未发。

魏征闻其已许嫁陆氏，方遽进而言曰："陛下为人父母，抚爱百姓，当忧其所忧，乐其所乐。自古有道之主，以百姓之心为心，故君处台榭，则欲民有栋宇之安；食膏粱，则欲民无饥寒之患；顾嫔御，则欲民有室家之欢。此人主之常道也。今郑氏之女，久已许人，陛下取之不疑，无所顾问，播之四海，岂为民父母之道乎？臣传闻虽或未的，然恐亏损圣德，情不敢隐。君举必书，所愿特留神虑。"唐太宗闻之大惊，深自克责，遂停策使，乃令女还旧夫，并出敕曰："闻郑氏之女，先已受人礼聘，前出文书之日，事不详审，此乃朕之不是，亦为有司之过。授充华者宜停。"当时的人没有不赞叹的。上面是《贞观政要》中的记载，小说中还补充了一些细节。

李世民让房玄龄作了调查，陆母说确无此事，召来郑仁基，郑仁基认罪，说十多年前，是有过一个与陆家成亲的口信。一怒之下，李世民免了郑仁基的官职。李世民让魏征传旨，将郑氏之女赐还陆家。经过安康公主的解劝，李世民说："事情到了这个地步已无法挽回了，你去跟侯君集说一声，让他写个保荐状，朕批一批，复了郑仁基的职位吧。往后，你替朕多照应他们父女，算是朕还她的情。"李世民对郑丽琬是有感情的，她那灿若春光的表情时常在眼前闪过，但为了国家的形象，他也只好怀着伤感而如此了之。招纳嫔妃本是皇帝的家事，但郑女小时候有过与陆家成婚的口信，这涉及当时的法律，即使是皇帝也要遵从。李世民知道情况之后，虽然已经下发了诏令，也要"收回前诏"。这是李世民改过之例。

贞观十年，唐太宗宠爱的儿子越王李泰与大臣们发生了争执。李泰向皇帝反映："三品大臣不尊敬我。"还有人对唐太宗说，三品以上大臣都轻蔑越王，意在诬陷魏征等人，以激怒唐太宗。唐太宗大怒，召见三品以上官员，说："我之儿子，自不许其纵横，公等所容易过，得相共轻蔑。"意思是说，我的儿子，我当然不容许他们放纵骄横，你所以容易交往，怎么能互相在一起鄙薄蔑视呢？房玄龄等战栗，皆拜谢。

魏征正色而谏曰："当今的各位大臣一定没有蔑视越王的。不过在礼仪上，臣下、儿子是同等的。**经传上说，帝王身边的人虽然低微，却排列在诸**

侯之上。现在三品以上的官员，地位与公卿同列，都是天子的大臣，陛下所礼敬优待的。纵然他们稍有不对，越王怎么能随便加以屈辱？如果国家的法制伦常已废弃败坏，这就不是我所能知道的了。在当今圣明的时代，越王岂能这样做？隋文帝不知道礼仪，宠爱骄纵诸王，使他的儿子们干出对大臣无礼的事，终究因犯罪而被罢黜，这是不足以效法的。"

唐太宗听了魏征的话，喜形于色，对群臣说："凡人言语理到，不可不伏。**朕之所言，当身私爱；魏征所论，国家大法。**"唐太宗还说，自己刚才大发雷霆，自认为理由充足，听了魏征所言，才感到是没有理由的。当国君的说话，真是不容易！于是，唐太宗赐给魏征一千匹绢，以示奖励。

上面两个故事，在《贞观政要》中均有记载。故事说明，李世民肯于纳谏，即使是关于自己的嫔妃选配、儿子的行事，只要大臣们提得对，就敢于放下君王的架子，加以改正。这是一种知错就改、洗心革面的自律精神，所以纳谏才能成为贞观时期的政风。

但是从为臣的角度分析，**魏征的谏言为什么常常被李世民接受与采纳呢？**这与魏征的性格人品、所言的内容和提出意见的方法有重要关系。第一，魏征谏言的动机真诚无私，与李世民所担心的"居安思危"，以及誓作明君的愿望相一致；第二，魏征的谏言有的放矢，多是李世民没有注意到的，关系国家法制、帝王形象与德行的重大问题；第三，魏征进谏的方法是有事实、有对比地分析，寓批评于表扬肯定之中。正如李世民所说："言语理到，不可不伏。"下面试将上述两例中魏征的谏言加以分析：

关于聘郑氏之女为嫔妃一事。李世民对魏征说："这可是朕的家事呀！"魏征说："聘纳嫔妃，本是天子的家事，但是聘已许了人家的女子为嫔妃，有违国家法度，这就变成国事了。"魏征首先肯定皇帝是圣明之君，"陛下为人父母，抚爱百姓，当忧其所忧，乐其所乐。自古有道之主，以百姓之心为心。故君处台榭，则欲民有栋宇之安；食膏粱，则欲民无饥寒之患；顾嫔御，则欲民有室家之欢"，然后指出郑女"已许人，陛下娶之不妥"，提出此谏是"恐亏损圣德，情不敢隐"，又说"君举必书"（皇帝之举必被铭刻于史），所以"愿特留神虑"。魏征之言有理、有据、有情，使李世民"闻之大惊，深自克责，遂停策使，乃令女还旧夫"。也就是只好忍痛割爱，接受魏征的劝告，维护国家的法度，维护皇帝的形象。

关于越王李泰屈辱大臣一事。越王先告状，说三品以上官员轻视他。皇帝要维护帝王的尊严，对大臣发怒呵斥。魏征则引出经传的传统，"王人（皇帝身边的大臣）虽微，列入诸侯之上"。同时指出："三品以上官员，地位与公卿同列，都是天子的大臣，陛下所礼敬优待的。纵然他们稍有不对，越王怎么能随便加以屈辱？"魏征肯定"当今是圣明的时代"，自然不能效法隋文帝骄纵儿子的错误，又说"国家的法制伦常"不能废弃败坏。所以李世民才深感自己错了："朕之所言，当身私爱；魏征所论，国家大法。"魏征所言，出以公心，道理周密，关系君臣大道伦常，令人不能不服。

魏征敢于直言相谏，但魏征进谏并不是不讲策略、不讲智慧的。他替皇上着想，言而有据，绝不轻易冒犯皇上。长孙皇后死后，唐太宗将她厚葬，并将陵墓命名为昭陵。为了寄托思念之情，唐太宗让人在宫中建了一座很高的楼台，以便经常登楼远眺昭陵。一天，唐太宗带魏征等大臣登台远眺，问魏征："爱卿看到昭陵了吗？"魏征揉揉双眼，说道："皇上，臣老眼昏花，实在看不见呀！"唐太宗心想，岁月不饶人，魏征真的是老了！于是耐心地指给魏征看。魏征看了看，对唐太宗说："臣刚才以为皇上是让我看献陵（唐高祖李渊的陵墓），若是看昭陵，臣还是能看见的。"唐太宗听了，深感惭愧，下令拆除了宫中的这座楼台。

魏征借口自己眼花，装着糊涂，点出了唐太宗父亲的陵墓献陵，暗中告诫唐太宗：不该只思念自己的妻子，更要思念作为开国元勋的父亲。唐太宗明白了魏征的用意，立即改变了自己不合适的做法。

贞观时期形成的良好的纳谏政风，是建立在君臣自律与互信的基础上的，因此这一政风得以坚持并取得了很好的效果，同时也增强了皇帝的威信，维护了国家的法制，令后世赞佩。纳谏政风的形成，也是与大臣的忠贞无私、精明干练分不开的，臣子不仅要敢于谏言，而且要善于谏言。这两个方面，对于我们今天发扬民主和改善政风，依然有着重要的启示。领导者在埋怨下属不好管理，或者专与自己过不去的时候，可以通过与李世民的胸怀度量相比而得到启发；下级领导或助理在困惑于自己的意见不被采纳，或者感到身无用武之地时，可以从魏征的进谏智慧得到启发。

⑥ 臣要善谏，君要明断

贞观时期，魏征是直谏的典范，忠心耿耿，大公无私，疾恶如仇。对于魏征的心，李世民是清楚的；对于魏征的谏言，李世民多数情况下是采纳的，但也有不采纳的时候。定襄战役胜利后，颉利被俘并被押到了长安。颉利不服，李世民宣布：三日后将颉利在东市问斩。

李世民话一出口，长孙无忌出班奏道："陛下，臣以为颉利不能杀！请皇上收回成命，颉利的生死，事关全局，如果处置失当，势将影响草原的安定，后果不堪设想。"李世民道："颉利是天下公敌，朕绝不能宽恕他。"朝臣一致附和，要杀颉利，不杀怎么向九泉下的军民交代？李世民说："颉利不可一世之时，朕尚有勇气挑战他，如今他的二十万大军已经荡平，朕反而连处死他的勇气都没有了吗？胡狄虽众，终究是百姓，我有长缨在手，又何惧之？"长孙无忌慷慨陈词："可是，长缨毕竟是摧毁不了仇恨的。在这个世界上，仇恨才是最锋利的武器，数百万颗仇恨的心聚起来，是一道无法阻拦的洪水，分散开便是无数可以蚀骨侵肉的蚁虫。颉利的囚车押送到长安居然用了两个月，在路上日日遭到袭扰，这还不能说明问题吗？"

第二天的御前会议上，长孙无忌向众人回顾了汉武帝对草原民族征而不服的历史，说明了让草原迅速安定的重要性，并列举了自武德九年以来，共十一万九千人阵亡于与颉利的战争中。长孙无忌跪下来，再次恳请皇帝收回成命，赦免颉利。李世民经过一夜的思考，决心接受长孙无忌的主张，说："我们是应该拿出最大的勇气，摒弃仇恨，维系大局。"于是，李世民让岑文本起草诏令，申诉颉利的五大罪状，然后从国家大局出发，决定赦免颉利。

魏征虽然佩服长孙无忌关于化解民族仇恨的主张，但他不想让朝廷出现听从于长孙无忌一人的局面，决心与长孙无忌唱对台戏。听到皇上要赦免颉利的决定，魏征跪倒大呼："陛下，不可！颉利乃一代枭雄，陛下万勿纵中山之狼，遗东郭之恨呀！"魏征还说，长孙无忌保颉利是有私心的。李世民不高兴地说道："你身为朝廷重臣，在这样的大事情上怎能掺进个人意气呢？党同伐异，是要危害国家的。"魏征气得发抖，不想退缩："如果您不想收回这纸赦免颉利的诏令，老臣只有自尽于便桥桥头，以谢长眠在那里的将士。"大殿里一片哗然。李世民一脸怒气，大声道："朕主意已定，没有人再能阻拦，你魏征也不能！"尽管如此，李世民还是舍不得魏征去死，他机智地派长孙无忌用激将法迫使魏征放弃了自己的主张。

魏征的话也有其道理，颉利是不会轻易心服的，但李世民的眼光更远，坚持了赦免颉利的明断。努力化解民族仇恨，争取草原部落几百万人的民心，建立胡汉共处的和谐大唐，赦免颉利是一个关键的举措。这是在打败突厥之后，唐朝治国战略转变的开始。李世民的决断是正确的。由此看来，形成纳谏的政风，君主的明断是关键。

纳谏正是为了任贤。

在中国的历史上，隋炀帝昏庸拒谏，甚至妄杀忠臣，最后遭到灭国；三国时期的袁绍优柔寡断，智谋之臣的忠言不被信任，致使他们背离袁绍而投奔曹操，最后袁绍因失去人心而归于失败。因此，纳谏与任贤密不可分。李世民的纳谏还有一个特点：以纳谏的方式任贤。《贞观政要》中记载的李世民与李靖的谈话就是一例。

李世民经过三年的准备，思虑北伐，一雪前耻。此时他与大将军李靖密谈，询问击破颉利的办法。李靖说："这么多年，对颉利一直采取守势，费的兵多，效果也差。臣以为要击败他，就得反过来，主动进攻，以攻为守。在正面以强大的兵力攻打定襄，同时以一支精锐的骑兵，迂回到敌人的背后，直捣龙庭。只要颉利的大旗一倒，使其群龙无首，那二十万铁骑将不战自乱。"李世民向来是赞同李靖出奇制胜的。但是这支特殊的军队大唐目前还没有，也就是说，还不具备击败颉利的条件。于是，李世民采纳李靖的谏言，迅速选拔死士编练飞虎军，并根据李靖的建议，由侯君集在秘密的地方，以秘密的方式，进行秘密训练。这次纳谏，君臣统一了出奇制胜的策略。

贞观四年，李靖领命与颉利决战于定襄，飞虎军已经隐蔽地进驻到绥州待命。但侯君集因犯错误而被关押，一时不便于马上起用他。谁领飞虎军出征呢？李世民正为此事犯愁。李靖说自己给皇上推荐一个人。李世民问是谁？李靖拿笔写下了一个名字：不是别人，正是"李靖"。李世民说："这太冒险了吧？"李靖说："兵法有云：'出奇制胜'，圣上的战略不就胜在冒险上吗？如果李靖的大纛（古时军旗）突然出现在敌人的背后，那将给敌人造成多么大的震撼！"李世民感动地说："靖兄，你毕竟是年近六旬的人了，朕怎能看着你身陷绝境呢？"李靖说："能马革裹尸，是为将者最光荣的梦想呀！"李世民紧握李靖的手说："那朕就把飞虎军交给你了，也把大唐的命运交给你了！"

其实，李世民心里清楚，这关键的任务，除了侯君集，只有李靖最合适。但李靖年迈，李世民如何开得了口？李靖的谏言正是李世民所期待的。君臣默契到如此地步，岂能不胜？臣的忠谏与君的明断配合默契，李世民纳谏也就是最好的任贤。

7 谏言种种，纳谏有术（一）

提倡开明的谏风，号召大臣直抒胸臆，知无不言，言者无罪，展示了李世民的宽大胸怀和求贤若渴的心境，也给了忠臣献计报国的良机；但是别有用心的奸佞小人也可以借机诬陷忠良。就臣子而言，敢谏者多，善谏者少，敢谏而且善谏者更少，魏征就属于敢谏又善谏的臣子；就君王而言，能纳谏者多，能明断者少，肯纳谏且能明断者更少，李世民就属于肯纳谏且善明断的君王。既要造成群臣敢谏的氛围，又要明于辨别利弊，识别忠奸，将各种谏言引导到治国安邦的大局上来，这就是最高统治者的统御艺术。

贞观期间，纳谏任贤，除了上面所说的魏征的直谏之外，还有几种谏言，对李世民的执政产生着重要的影响。下面试作分析。

长孙皇后的遗嘱，虑政以远。

长孙皇后是贞观之治的一大功臣，被称为天下第一贤后。她执掌后宫，母仪天下，谨慎俭朴，顾全大局，使后宫稳定和谐，为李世民经营天下、治理国家提供了可靠的后方。当李世民秘密北巡被困在马邑，朝中太子监国，皇子与百官逼宫要求出兵救皇上之时，长孙皇后沉着镇定，在房玄龄的支持下，说服了众臣，控制住了朝中大局，直到李世民安全地回到长安。长孙皇后还是李世民的政治顾问，平时不问朝政，重大事情却及时提醒李世民理智处理。

贞观九年，长孙皇后病逝，年仅 36 岁。临终前，长孙皇后对李世民说："臣妾要走了，可是心里头还有三件事情放心不下，请陛下一定答应我。"李世民含泪答应了长孙皇后的请求："第一，我娘家长孙一脉尊荣太盛，因此才出了长孙顺德这样的贪官，以后皇上不要再给他们恩赏了，长孙一脉的人能不用他们做官，就不用他们做官。第二，房玄龄久事陛下，小心谨慎，奇计密谋，皆所予闻，竟无一言漏世，非有大故，愿勿弃之；第三，乾儿这辈子跟着我吃的苦太多了，他有什么错，您就怨臣妾吧！千万不要为难他。张玄素没能把他教出来，现在魏征答应教他，臣妾求您，就让乾儿拜下这位老师吧。要是他还是不成器，臣妾在九泉之下就再也没有怨言了。"李世民点头把这三件事都答应了下来。最后，长孙皇后说："臣妾这一辈子享尽了皇上的福，却什么也没帮上皇上，生无益于世，死不可以厚葬。请皇上不要给臣妾造坟，就以山为垅，无用棺椁，器以瓦木，约费送终，臣妾感激不尽。"那含泪的双眼，慢慢地闭上了。

长孙皇后的临终遗嘱，一是薄葬，坚持崇俭；二是重用保护房玄龄，善待重臣；三是不要重用外戚，防止外戚干政。这三件既现实又有远见的谏言，都关系着贞观后期的政治走向。房玄龄因保太子、护正统被打发回家，但几处危难，都得到唐太宗的保护，最后得以寿终正寝；长孙皇后不能直说，只能提醒李世民注意其兄长孙无忌的揽权欲望。李世民时期是做到了。然而在唐高宗永徽年间，长孙无忌却大权独揽。唐高宗李治册封武则天为新后，长孙无忌被武则天以"谋反"罪名所杀，家族被灭。

房玄龄的谋谏，解君之难。

房玄龄是李世民忠心耿耿的智囊，先后担任丞相约 20 年。每当李世民遇到难解的问题时，房玄龄的谏言总能给李世民带来满意的答案。现举两例如下：

正当侯君集为北伐训练飞虎军之时，太子李承乾的师傅张玄素奉旨去侯府提亲，太子有侯君集这位将军作岳丈，东宫的椅子就更稳当了。这使觊觎东宫宝座的李恪一党大失所望。这时李恪的死党安黑虎接到了一封密信，装的是襄阳别驾程蕴良写给皇帝的奏章，参奏侯君集贪污一百万两白银。可是这个程蕴良已经死了，这是一个死人告活人的奇案。

这封离奇的奏章使得与东宫较劲的李恪如获至宝，让时任治书侍御史的权万纪通过御史台呈到了李世民的案几上。由于是御史台转上来的，李世民只好召集房玄龄、魏征、岑文本等来商议。正好张玄素来禀奏太子婚事的筹备情况，他是太傅，品衔不低，李世民就让张玄素也参加。

李世民将那份奏章递给大家传阅，问大家怎么看。张玄素说："臣以为这一定是颉利的离间之计，侯君集之廉，世人皆知。侯君集与颉利血战于高陵，斩杀他们不少人，借这一招离间皇上与股肱之臣的关系，以逞报复之心。"岑文本也顺着说："程蕴良的灵位都进了忠烈祠，这死人难道还会说话？"

魏征为人忠厚，凡事肯于较真，他与这位师兄张玄素的看法往往针锋相对。这时魏征说："死人是不会说话，但更不会说假话。看这奏章上的笔迹印信，确系程蕴良所写，应是他生前留下的绝笔。这么看，连程蕴良的死因也值得怀疑。尽管侯君集为朝廷立下过大功，但涉及一位五品官的人命和大量财宝，此案不查，如何向天下人交代呀！"

李世民瞧出这几个人各怀着不同的心思，只好把目光转向了房玄龄。房玄龄长于谋，并且性子柔和，便于调和不同意见。李世民问："你是左仆射，这么大的事，你该说说话。"

从李世民的眼神中，房玄龄似乎看出了什么，他开口说道："张太傅所言不无道理，对侯君集这样的功臣，不可轻易去查。而魏大人也是出于一片公心，毕竟案情看起来十分重大，要是弄清楚了也能还侯君集一个清白。臣的意思，不可查也不可不查。"魏征说道："你这叫什么话，查就查，不查就不查，查亦不查算什么？"房玄龄看了魏征一眼，说道："密查！"魏征顿时被噎住了。**李世民暗自赞叹房玄龄的智谋，当即拍板："好，那就密查！"**这就是说，既要查案，又要稳定大局，派谁查，怎么查，只有皇上自己知道，这才与准备北伐的大局有利。

再举一例，就是李世民秘密北巡欲与突利会盟，被围在马邑。李恪联合李泰等借机逼在家监国的太子出兵，太子为救父皇也决定自己带十六卫军出征，救援马邑。长孙皇后最后请出了在家养病的房玄龄拿主意。

房玄龄看了李承乾救援马邑的兵力部署，说："臣以为此策似宜再做斟酌。"房玄龄分析了收到的边报说，看来目前颉利还没有察觉皇帝的行踪，否则颉利要么早就攻下了马邑，要么会大造皇帝被围的声势，诱唐军来援，以聚而歼之。对方围马邑而不攻，必有不为外人所知的原因。如果不动声色，以皇上的大智大勇，或许还有突围的希望；如果太子亲率举国精锐去救援，必然让皇帝的行藏昭于天下，大军到达之日，就是马邑破城之时。李承乾听了大吃一惊，说："我差点害了父皇！"李承乾说："那我就下谕旨，不出兵了！"房玄龄说那也不行，如果真的不出兵，万一马邑城破，朝中那些别有用心的人可又要跳出来指责监国坐看皇帝遭难了。这可怎么办？房玄龄试着提出一个"偏方"，说不妨试一试：如果密令正在绥州的李勣渡河北进，造成从西线进攻北狄腹地的声势，说不定能吸引颉利主力回撤，或许马邑就能喘过气来，但这只能是尽人事而听天命的方法，你们也不要抱太大希望。李承乾听从了房玄龄的主意，把十六卫军调回了大营。

后来，李世民机智地突围，逃出了马邑，实现了与突利的会盟。在从阴山小路绕道返回长安之时，李世民恰遇到了李勣部队的接应，这才得以平安回到长安。正如长孙皇后所说："乾儿，你父皇果然有识人之明，这哪里是偏方，这是求都求不来的仙药呀！别看这满朝朱紫，到了这种时候，也只有房玄龄的脑瓜子能拿出个像样的主意来！"

长孙无忌的智谏，另辟蹊径。

长孙无忌是长孙皇后的哥哥，是李世民列入凌烟阁画像中的第一位功臣，也是李世民的心腹重臣。长孙无忌的建议，常常使李世民有拨云见日的清新感觉。每当遇到难解之题时，李世民总愿意与长孙无忌讨论，使长孙无忌的智慧融入李世民的决策之中。

李世民下达了关中抗旱的指令，但却贯彻不畅，这使李世民看到了朝廷机构臃肿，人浮于事，终将废弛朝政，甚至误国误民。于是，李世民决心改革吏治，并省官员，但这是多年的积习，困难多，阻力大。长孙无忌赞成李世民的决定并提出具体建议，说："陛下打败颉利，是以王道行的霸道；而要让这件事办成，非得以霸道行王道才行。"李世民说很好，狭乡迁宽乡能够办成，就要行霸道。治懒、散、臃，不霸道一些怎能成事！接着，李世民提出让长孙无忌负责此次并省官员的工作。长孙无忌略一沉吟拒绝了，理由是自己曾任吏部尚书，士庶官员中有不少门生故吏，盘根错节，临事难免身不由己，恐耽误朝廷的大事。长孙无忌建议李世民最好另辟蹊径。

李世民问怎么个另辟蹊径？长孙无忌回答："以武人治文人，既没有前恩，又不忌惮后怨，办起事情来要利索得多。"李世民拍手道："好一个以武人治文人，这个主意不错。"李世民当即决定，让房玄龄主持此事，让侯君集出任吏部尚书辅助房玄龄。长孙无忌大吃一惊："侯君集那可是太霸道了！"李世民笑着说："以霸道行王道，朕要的就是这份霸道嘛！"并省官员这团乱麻，经长孙无忌的提醒，李世民立刻理出了破解的头绪。侯君集的"兵贵神速"及"快刀斩乱麻"的方案也得到了李世民的支持，使得机构精简向前迈出了一大步。

李世民最头痛的一个问题就是立储君。长孙无忌最关心的就是这个国舅爷的地位。这既关系到大唐的江山，自然也关系到长孙家族的命运。

武德九年，皇长子中山郡王李承乾被派到叛军李艺军中为人质，勉强保住了性命。李承乾为大唐做出了牺牲，李世民感动，下旨立李承乾为太子。李承乾为人慈善，对皇帝孝顺，但资质平平，选了师傅教，给了机会锻炼，都成效甚微。直到泽州一案，长孙无忌看出皇上对太子已经失去了信心，以自己推荐长孙顺德有罪为名，辞官隐居终南山。长孙无忌实际上是为了避开储君角逐的漩涡，根据李世民"偃武修文，以文治国"的战略，暗中培养嫡皇子晋王李治。

李治年轻，在老师赵恭存的教导下，养成了独善其身的性情，平日喜欢读书写字，很少和朝中大臣来往，不参与皇子之争。皇上也看出了李治的品行志向，下旨让李治遥领并州大都督，并派李勣为并州大都督府长史。内有长孙无忌的呵护，外有大将军李勣的支持，李治凭着与其他皇子的不争，最后得到了储位。

贞观十七年，太子谋反案告破，李承乾被废，流放三千里。当李世民为皇子的内斗而悲痛不已的时候，长孙无忌对李世民说："陛下，塞翁失马，焉知非福。请陛下替大唐子民们选出一个能够把贞观的道路延续下去的储君。"于是，李世民选择"立晋王李治"。

李世民对几位重臣说："这些年，朝中皇子夺嫡，纷争不已，斗散了人心，斗坏了世风，这样的内耗以后不能再有了，这也是朕立晋王为储的一个主要原因。因为诸皇子中，他是最不爱结党营私的一个，和你们谁都没有亲疏之分，他将来继承了江山，你们都可以人尽其用，而他的弟兄们也能得到保全。"

岑文本巧谏，计中有计，各有所图。

岑文本是继封德彝之后，竭力辅佐李恪谋取储位的重臣。鉴于朝中的政局，岑文本多次建议李恪要学会韬光养晦，少露锋芒，要摸准皇上的心，以退为进。但是李恪的性格和自信，屡屡使岑文本的计划落空。

贞观四年，李世民为了朝廷的抚夷大计，决定赦免被俘的颉利，而蜀王李恪因父亲被突厥人刺伤，决心要谋杀颉利。岑文本无法阻拦李恪，只好报告了皇上。结果李恪将颉利刺伤，李世民大怒，将李恪囚往北苑。

岑文本去北苑看望李恪时，被李恪骂为背主小人，赶了出来。**李泰认为这是拉拢这个权臣的良机，便登门拜访岑文本。**李泰说，东宫人马正在合伙参三哥，要把李恪废为庶人。你是懂父皇心思的朝臣，请指教我应该怎么办？

　　岑文本想了想说道："殿下若真想听臣的，那就请站出来保蜀王。自玄武门之变后，皇上一直对死去的建成、元吉怀着歉疚之情，因而最不能容忍兄弟相残，东宫的人这么落井下石地参蜀王，皇上心里肯定不会痛快的。"李泰问："那么我该怎么说才是？"岑文本说："**如蒙不弃，臣来给殿下拟这道奏章**。"奏章大意是：李恪因为谋杀颉利影响朝廷抚夷大计而获罪，可是若将他废为庶人，朝廷和突利的婚约怎么办？岂不反过来又影响了朝廷的抚夷大计，所以请求皇帝宽恕李恪。李泰看了后连声称妙。不久，圣谕驳回了废黜蜀王的主张，同时赞扬了李泰的奏章有理有情。从此，李泰得到了皇上的赏识，他与岑文本你来我往，竟热乎起来。

　　李泰暗自得意，却没想到，在他挖李恪墙角的同时，岑文本正在琢磨着一步大棋。岑文本要用这步棋彻底击溃李恪的一切对手，把封德彝没能实现的愿望变成现实。岑文本身在李泰一党营中十三年，心里却一直想着李恪。李世民早看透了岑文本的心思，但又抓不住任何把柄。直到宣布了立李治为储君之后，李世民才对岑文本说："你是身在曹营心在汉，让老四与太子两败俱伤，你把权谋之术用到极致了！"

　　岑文本对李泰的谏言，使李泰得到了皇帝的赏识。但是岑文本这样做是另有目的的：使李泰与太子内斗，两败俱伤，从而为李恪入主东宫扫平道路。岑文本的谏言是计中有计。

9 口蜜腹剑，乱中取利

　　"口蜜腹剑，乱中取利"是小人之谏的特点。"小人"是相对于"君子"而言的，但小人与君子并无严格的界限。小人与君子有相似的身份，相似的情志，在"纳谏"的氛围中，有表面相似的"谏言"机会，所不同的就是他们的动机与目的。对于君子与小人，孔子在《论语》中有过这样的论述："君子喻（懂得）于义，小人喻于利。""君子怀德，小人怀土；君子怀刑（法度），小人怀惠（私利）。"君子"立志于道"，关心国家天下；小人关心自己，包括一党的私利。以孔子所言，小人就是为自己或一党的私利，置国家安危大局于不顾的人。然而，孔子说："人之过也，各于其党。"（见《论语·里仁》）意思是说，人们犯错误，根源于各自不同的利益。当他的言行符合国家的大义时，这就是君子所为；当他的言行危害国家，只满足自己一党的私利时，这就是小人之举。在政风开放的环境下，国家允许广开言路，但不可不区分忠与奸，对与错，这样才能做到广纳善言，纠正偏颇，打击邪佞，扶植正义。

　　皇子李恪是为大唐做出过贡献的人，但他为争夺东宫储君的位置，也曾多次施阴谋，告恶状，矛头直指太子，甚至不惜搅乱了国家的大局。试举一例说明。

　　隐太子潜伏在东宫的卧底常胜策划了左屯卫军的哗变，制造混乱，引突厥颉利入侵，矛头直指皇帝李世民。李恪知道，官场上最锋利的锐器就是这参人的奏章和告密的信函，于是他抓住机会，策动御史台的权万纪等人联名上奏，参告哗变中被刺死了的常胜贪渎之罪，以追究哗变的原因为名，将矛头指向了主管粮食的太子。在大敌当前的情势下，李恪挑起党争是有意给皇上出的一道难题。

　　几天后，李世民的桌面上摆了十几道参常胜贪渎的奏章，贪渎对常胜来说确是一种诬告，常胜又是皇上亲自提拔的左屯卫翊府中郎将。李世民一眼就看出了这些人的动机，也看出了背后是谁在指使，他们这么兴师动众，无非是想把太子从东宫撵出去。这样的"谏言"，着实让李世民心烦意乱。李世民冷静地思考之后，看到了国家真正的危险在于"内乱"，于是将李恪的谋臣岑文本请出，用"求谏"的方式，请岑文本拿个办法，从而平息蜀王一伙在这件事上对太子的威逼，稳定大唐的政局。

岑文本以息事宁人的方式处理了左屯卫军哗变的善后事宜，李世民很满意。李恪不满，来到岑文本府中责问为什么帮助东宫。岑文本说："臣这么做是为了稳住大唐的局面。自古皇帝都乐意看着大臣、皇子们争，要是这些人彼此不争，就该和皇上争了！不过，不管怎么争，都不能跨过一个坎儿，这个坎儿就是天下的兴亡。要是国亡了，大家伙还争什么？岑文本严肃地告诉李恪，叫人把那些奏章撤回来，否则就是与皇上为敌了！"

李世民清醒地看破了李恪一党"谏言"的动机，采用"解铃还需系铃人"的办法，平息了这次政潮。

每个人的谏言都含着自己的用意，有的为公，有的为私。李世民创造一个言者无罪的氛围，一是为了集思广益，二是为了各派力量的相互制衡。有时借用看似对立的意见表达自己的某种意图，有时借用对立的意见观察对方的内心。"兼听则明"，李世民正是在各方意见的争论中择善而从，达到了多数人认识的统一和行动的一致。

李世民虽然善于明断，但也有上当的时候。

贞观后期，李世民渐渐听不进大臣的意见了。有一次，魏征之子魏叔玉与太子在蹴鞠场上踢球，太子示意手下人把魏叔玉打伤了。太子自己却失足摔倒。权万纪则报告皇上说："魏叔玉要谋害太子。"李世民十分恼火。过了不几日，魏征骑马路过东宫门前没有下马，权万纪则给李世民打小报告，说魏征轻视太子。李世民生气了，召集三品以上官员，怒声道："召诸卿前来，只想问你们一句：尔等官高位显，朕引为股肱，为何食禄不忘，傲视太子？你们傲视太子，把朕置于何地？"魏征还是第一次为唐太宗惋惜，身为一国之君，竟听信小人之言，对重臣妄加猜疑。如此下去，大唐还有何希望？于是，魏征说："隋文帝骄纵诸子，傲视臣僚，导致惑乱横生，陛下绝不应效仿！"

唐太宗一脸盛怒，返回承庆殿寝宫，吼着叫来中书舍人："记朕手敕！魏征目无国法，谤讪君王，立即赐死！"同时又叫宦官朱贵光："带上朕的手敕和御剑，速去魏宅！"朱贵光驰马出了宫城，向魏征的私宅永兴坊奔去。李世民稍一冷静，回身时手触到魏征亲自撰写的《自古诸侯王善恶录》，深感魏征所言的真诚，猛然醒悟，自己差点犯了大错，马上叫人备御马，亲自到魏征私宅……

李世民上当的原因主要有两个：第一，满足于自己的政绩，渐渐听不进别人的谏言，甚至对揭露自己短处的谏臣产生猜疑；第二，过于重视自己的权威与尊严，护短是出于面子和私利。这就为小人的乱中取利提供了机会。李世民的开明在于知人，了解朝内各派党争的背景与目的，尽管有时存在一念之差，听信了小人之言，但他醒悟得快，能知错就改，挽回损失。一句话，李世民总是把国家大局的利益看得比自己的面子、个人的得失更为重要，才不至于因偏信酿成大错。

在今天发扬民主、广泛听取各方意见的情况下，我们也需要审慎辨明是非真伪，分辨各种意见的正确与否及可用程度的大小，并将各种意见集中到大政方针上来，这样才能真正做到集思广益。不可学隋炀帝自以为是、拒绝谏言，也不可学三国袁绍的多谋寡断，而应学李世民的虚心与明断，时刻把握正确的方向。

10 纳谏与管理

纳谏作为一种管理理念、管理制度、管理方法，已经广泛地走进了我们的生活。管理企业与管理国家是相通的。

作为一种管理理念，纳谏包含着深刻的管理哲学。从认识论的角度而言，它依据的是"兼听则明"，说明群众的社会实践是检验真理的标准，群众的实践经验是真知的源泉，要获得真知就要兼听各方；从历史观的角度而言，它隐含着"以人为本"的观念，只有了解百姓的疾苦，考虑群众的利益，领导的决策才能得民心、顺民意，也就是要多听取各方面的意见，了解施政得失。对纳谏的自觉意识，来自领导者的事业心、责任感与价值取向。

作为一种管理制度，纳谏的观念进入组织之中，是以管理制度的形式存在的。贞观时期虽然是封建皇帝专制，但在重大事情上，却坚持皇帝与宰相、重臣共同议政的制度，还规定了五品以上官员评议朝政的制度。推翻封建帝制，建立民主共和制度后，纳谏思想被发展并被包含在民主制度之中。政党也是一种组织，中国共产党的组织制度就是民主集中制。现代化的大企业的领导者决定大政方针，也用的是民主集中制。民主集中制强调的是民主基础上的集中和集中指导下的民主，将古人的纳谏思想系统地引进了制度建设之中。

作为一种管理方法，纳谏属于一种决策方法，或称民主决策。我党的工作方法就是走群众路线，注重实际调查研究，从群众中来，到群众中去，充分发扬民主，集中正确意见，形成统一意志，再贯彻到群众之中并坚持下去；允许群众畅所欲言，即使是反对的意见也要听；反对领导者办事主观臆断，或决策一言堂，形成依靠群众的民主作风。

应该说明，古人的"纳谏"与今人的"纳谏"形式相通，但本质却完全不同。古人"纳谏"的主体是皇帝、高官，"纳谏"的目的是为了维护帝王的统治，纳谏者与进谏者的政治地位是不平等的；今人的"纳谏"是听取采纳各方面的意见，含有民主的成分，"纳谏"的主体是领导者，"纳谏"的目的是为了集中正确意见，不断改进工作，纳谏者与进谏者的根本利益是一致的，政治地位是平等的。从这种意义上说，古人的"纳谏"对今人的"纳谏"有借鉴价值。

学习贞观时期"纳谏"的智慧，对于企业管理而言，可以提高领导者的民主意识，使领导者自觉坚持依靠群众的工作路线，坚持民主管理的工作程序，还可以提高领导者决策重大问题的正确性和科学性。员工肯于提出谏言，正是企业员工自觉发挥主观能动性的体现；领导者尊重员工的意见和创造精神，形成民主和谐的企业文化氛围，正是企业能够不断成功，走向卓越的主要条件。

李世民认为，坚持纳谏还是坚持拒谏，关系着国家的兴衰，这说明了领导者的工作作风的重要性。因此，领导者应学习古人的纳谏精神，改进自己的工作作风，努力营造宽松与民主的氛围，鼓励下级干部或职工群众畅所欲言。在实际工作中，"纳谏"与"以人为本"一样，已经成为企业文化建设的重要内容，不仅融入到了企业的管理制度之中，而且成为了企业价值理念的核心内容。

五·■

强兵篇

昔年怀壮气，提戈初仗节。心随朗日高，志与秋霜洁。

移锋惊电起，转战长河决。营碎落星沉，阵卷横云裂。

一挥氛沴静，再举鲸鲵灭。于兹俯旧原，属目驻华轩。

沉沙无故迹，减灶有残痕。浪霞穿水净，峰雾抱莲昏。

世途亟流易，人事殊今昔。长想眺前踪，抚躬聊自适。

——李世民《经破薛举战地》

夫兵甲者，国之凶器也。土地虽广，好战则人彫；邦国虽安，亟战则人殆。彫非保全之术，殆非拟寇之方。不可以全除，不可以常用，故农隙讲武，习威仪也……故知弧矢之威，以利天下。此用兵之机也。

——李世民《帝范·阅武》

　　贞观之治，是一个从创业建国到以文治国的过程。贞观之治的形成，离不开一个重要的前提条件，就是有强大的军队。李世民是文武兼备的明君，大唐的天下首先是凭武功打下来的。

① 国无兵不立，民无兵不安

　　李世民一生中最难忘的战斗，除了玄武门之变外，就是其战胜隋朝霍邑守将宋老生的战斗。

　　隋大业十三年（617年）七月，李渊父子举兵伐隋，由于关中地区防守薄弱，李渊决定"乘虚入关，号令天下"。自晋阳（今太原东南）进抵霍邑时，李渊军队遇到隋朝悍将宋老生的抵抗。宋部兵力超过李渊。两军相持月余，李渊军中粮草将尽。有传言北部突厥欲突袭晋阳，李渊有退兵北归之意。李世民哭着进谏："我军是以起义干一番大事为名而聚集起来的，进则无坚不摧，退则溃散无疑。若敌人再从后面一攻，我们就只有死路一条了。"李渊闻言猛醒，率军与宋老生决战。交锋中，李建成落马，李渊军队后退。危急之时，李世民身先士卒，率少量骑兵从背面冲进宋老生的营中，形成两面夹击之势，宋老生大败被擒。随后，李渊军队攻占了霍邑。霍邑之役是李家军生死存亡的关键一战，此战之胜打开了李家军进入关中的一道大门。同年十月，李氏大军围困长安；十一月，攻破长安；次年，李渊称帝，建国号为唐，年号武德，定都长安。

后来，李世民与李靖讨论用兵正奇时，就说到了这次战役。在战役的关键时刻，李世民从后横插，宋老生因措手不及而被擒，这是出奇制胜。当时，李世民年仅18岁。霍邑之战奠定了李唐基业的基础。后世史家对李世民的不凡才干给予了很高评价："如果李渊不是有这个圣明的儿子，其帝业早就胎死腹中了。"这说明，没有军事战争的胜利，就没有大唐的江山。

贞观初期，还有许多著名的战役。例如，贞观四年，李勣率军攻占恶阳岭一仗，取得了战胜颉利的主动权；李靖率飞虎军冒险越过阴山，插入颉利老巢，俘获颉利，取得了定襄大捷，使近百年的边患得以解除，为大唐经济的恢复提供了安定的环境。以强大的军队为后盾，才能缔造和平，笑傲天下。

在与外族的征战中，大唐逐步统一、稳定。贞观四年（630年），东突厥汗国亡，唐朝的疆土扩展到阴山及大漠以北的草原。贞观九年（635年），唐军征服了吐谷浑，使其成为大唐的属国。贞观二十年（646年），唐太宗灭薛延陀汗国，回纥等十二个部落酋长都请求归附。唐太宗在漠北设燕然都护府，任命都护，统治漠北的六府七州。唐太宗接受诸部酋长所上"天可汗"的尊号，他们对唐岁贡貂皮当做租赋，唐对漠北诸部百余万户负责救济灾难、平息争端之责。西南部的吐蕃国通过联姻，与大唐保持了联盟关系。征战的胜利，奠定了统一、稳定的大唐，使得唐朝的商贸通达，文化交流密切，促进了唐朝经济的发展。

东突厥南下时，曾在汉武帝墓前立下一个拴马桩。李世民消灭颉利回到长安后，仍要保留这根耻辱柱，以警示后人，永远不忘国贫兵弱受欺凌的历史。只有国富兵强，才有国家的统一，才有经济的发展和人民的安定生活。

所以，李世民在《帝范》中告诫李治，要正确认识"阅武"的问题，也就是要正确对待战争的问题。他说："兵甲者，国之凶器也。"用兵打仗是最凶险的事情，任何一场战争，付出的代价都是沉重的。兵书《司马法》有言："国虽大，好战必亡；天下虽安，忘战必危。"李世民告诫众臣，如今国家强大了，也要爱惜民力，不能轻易好战。他说："土地虽广，好战则人彫（"彫"指百姓困苦、离散）；邦国虽安，亟战则人殆（"殆"指百姓伤亡疲惫）。彫非保全之术，殆非拟寇之方。"所以，军事征伐"不可以全除，不可以常用"，即不可忽视军备，也不可乱用武力。完善的法律和良好的军队，是国君治国的两把利器。所以李世民说："故知弧矢之威，以利天下。此用兵之机也。"

② 选一良将，胜筑千里长城

《贞观政要》记载，贞观元年，李勣被任命为并州都督，辖区在定襄以南的太原地区。由于李勣带兵严整，军队训练有素，令行禁止，所以突厥甚为畏惮，北方一时安定。唐太宗对侍臣们说："隋炀帝不解精选贤良，镇抚边境，惟远筑长城，广屯将士，以备突厥，而情识之惑，一至于此。朕今委任李勣于并州，遂得突厥畏威远遁，塞垣安静，岂不胜数千里长城耶？"这说明了用兵御敌选良将的重要性。

本书的"任贤篇"曾介绍过李世民任用良将的故事，现对李世民的御将艺术再加以归纳分析。

乱世凭武将，有能之将是决定战争胜负的重要因素。治将先治心，李世民御将的突出特点是务揽英雄之心，用真诚与宽容将敌方的战将感化过来，变为自己的股肱之臣。

待之以礼，敬之以诚。

尉迟敬德是李世民在战场上收降的将军，李世民对尉迟敬德待之以礼，敬之以诚，授予秦王府左二副军之职。尉迟敬德对李世民的礼贤下士十分佩服，视其为知己，在玄武门之变中成为力保秦王的九将之首。

宽大胸怀，真诚感化。

颉利的战将阿史那思摩归唐也是一个典型，前面已经说及。李世民的宽大胸怀让阿史那思摩感动，阿史那思摩跪拜请罪，愿追随李世民，以效死命。李世民扶起阿史那思摩说："吾得阿史那将军，如刘备得关云长耳！从今日起，朕封你为右武卫大将军。"这样，阿史那将军被感化过来，最终成为唐军的栋梁之才。

李世民决心做一代明君，有着结束战乱，治国安邦的远大抱负，为天下英雄所敬仰；天下的英雄豪杰在李世民的旗下，也找到了发挥才干、实现抱负的归宿。李世民胸怀宽大，难怪阿史那思摩对颉利说："大汗，我知道您为何败在大唐皇帝之手了！咱们的兵比大唐强，将比大唐猛，大汗的智略也不逊于大唐皇帝。可是，您的心胸却无法和大唐皇帝相比。四年间，您换了十五个部落首领，可大唐皇帝呢？封昨日的对手突利为王，连你、我这样的死敌也能够宽容，您说我们阿史那氏能不败吗？"争天下不光靠的是刀剑，比刀剑更强的是君主的心胸，这是李世民成功的秘诀所在。

严格考核，大胆授权。

将领的选拔关系到国家的安危，必然要十分慎重。择将的原则是"惟审其才之可用"。明君择将会设种种考验，以判断其在德、智、信、仁、勇等方面的素质，判断其能够担当重任以后，就会大胆授权，委以重任。李世民对李靖、李勣的使用就是一例。

李靖、李勣的军队属于唐朝的精锐，在玄武门之变中，他们保持了中立。李世民为试探李靖的态度，玄武门之变后，即下令让李勣率部西进，解救被突厥围困的乌城。李勣受命后没有迟疑，一路跋涉，很快解除了乌城之围。李世民旌表了李勣。李勣能够奉诏西进，表明李靖对李世民的政变持认可态度。"远使之以观其忠"，李世民用的就是这种考察方法。

兵权是主将的威势与生命。李世民能够揽英雄之心，得人死力，一个重要的原因是用人不疑，大胆授权。

唐军北伐，大将军李靖被李世民登坛拜将，授予全权。在云中前线，副帅尉迟敬德指挥的第一仗，丢失了恶阳岭。李靖来到大帐的帅案前说："颉利经年犯边，为朝廷之祸，天下之害，本帅奉诏讨贼，举国精兵会集于此，是役胜则国运昌，败则天下亡，除了打赢，吾辈别无选择。而要想打赢这一仗，先得夺回恶阳岭！"李靖抽出腰间佩剑往桌上一放，说："这柄御赐的宝剑从今日起就放在这帐中了，此战若败，你们谁都可以用这把剑来取我项上人头，如果诸将中有谁畏缩避战，那我就用此剑取他项上人头。"云中前线的副帅换成了李勣，并赋予了进攻恶阳岭的指挥权。李勣让其副手洪恩指挥军队正面冲击，双方激战，尸横遍野。李勣自己亲带一千死士，从侧面的山谷绝壁攀上了恶阳岭的寨墙。偷袭成功，恶阳岭终于被收复了，这为北伐的胜利争取了主动。

③ 秘练飞虎军与精兵之路

军队的基础在士兵。李世民为打败颉利，加强马政，精选良马，增加骑兵数量，同时还要组建一支战斗力超强的精锐铁骑，以便实现迂回敌后、突袭破敌的任务，这支队伍就是飞虎军。因时间紧迫，李世民决定从现有的队伍中选拔死士进行编练。

建军的关键是选将。李靖向李世民推荐：统领飞虎军"非侯君集莫属"。当李世民把训练飞虎军的任务向侯君集提出时，没有想到，侯君集却一口拒绝了。因为在长安城外与颉利铁骑决战时，侯君集率领的飞虎军血战到最后，只剩下了十一人，如今他的身边收容了几十名飞虎军的遗孤。侯君集的哀伤李世民是理解的。为此，李世民在朝中公布了选兵择将建飞虎军的计划。各位皇子认为这是确立自己在军中地位的机会，争着出任，李世民顺势将飞虎将军印推给了太子李承乾。李承乾自然无法管教加入飞虎军的贵族子弟。侯君集即将成为太子的岳丈，他不忍心看着太子失宠，于是主动请缨，要训练飞虎军。这当然是李世民的本意。

在接受任命之前，侯君集提出让太子体面地离开飞虎军，李世民却拒绝了。他告诉自己这位爱将，原来那支飞虎军还要存在下去，做一支掩人耳目的幌子，由侯君集编练一支飞虎新军。用太子登台，隐真示假，迷惑颉利的耳目。飞虎新军的编练在侯君集手下正式开始了，李世民的要求就是：悄无声息地锻造一柄前所未有的利刃。

第一是选兵，用兵要精。由于使命特殊，因此兵员的遴选非常严格。练兵最强的是练心，即磨炼战斗意志，用复仇的怒火来激发将士雪耻的决心。飞虎军选兵的要求就是，英勇善战，敢死敢拼，无敌于天下。飞虎军的兵员，一部分是从有实战经验的老兵中选调；一部分是从民间招募，公开的名义是替皇帝挑选东都洛阳离宫的宿卫，到长安后再由侯君集考选。练兵的地点由房玄龄物色，是终南山中一处废弃多年的隋朝禁卫军的军营，十分隐秘，外面无人知晓。李世民亲自前去察看，十分满意。

第二是保密，军机在密。侯君集根据自己与颉利打仗的经验，认为只有兵多粮足，才能发挥作用。兵马未动，粮草先行。为了不露痕迹，侯君集采取了"藏兵先藏饷"的方法，即先找商人借钱，用商人的钱发饷买粮，等打完仗再由朝廷还钱还利给商人。此方法的条件是商人的守信与皇上的亲自作保。借钱的名义是修建洛阳离宫。这样的措施很有效。户部、兵部都没有账户，就意味着朝廷根本没有这支兵。整个朝廷都被瞒住了，何况颉利呢？

第三是**严明纪律，执法如山**。李世民来到校场，见侯君集在射箭挑兵。侯君集拿起一支箭正要搭在弓弦上，却发现这支箭没有箭头。递箭的亲兵立刻跪倒，说："小的没有细检，再也不敢了！"侯君集没有理睬他，看着迟德立大声说："按飞虎军的规矩，这该怎么办？"迟德立大声应到："去一臂。"观看校兵的李世民等人闻言无不骇然。侯君集对迟德立喝道："你还愣着干什么？"迟德立见李世民等就在一旁，有些犹豫。侯君集大声道："你难道忘了，这里是飞虎军的军营！"迟德立只好按规矩行事，一刀劈下，那亲兵发出骇人的惨叫。检校仍在继续……李世民感慨地说："有君集在这里，朕可以放心了。"

　　几个月后，这支悄无声息的飞虎军像尖刀一样插向颉利的大本营，而颉利还沉醉在"飞虎军不堪一击"的假情报之中。

　　唐军吸收了颉利骑兵的长处，增加了骑兵的数量，改善了弓弩，用强弓利箭提高了射杀的准确性。本次秘密训练飞虎军，隐含着精兵思想，即兵不在多而在精，强调的是严格训练，重在质量。李世民的精兵思想、寓兵于民和军民融合的思想、强国与强军统一的思想，对于今天的军队建设仍有很大的启示。尽管时代不同，战争形式与军队建设的内涵已经发生了本质性的转变，但从战略上而言，精兵思想并没有过时。

4 使命在肩，责任重如山

　　英雄的军队是忠贞报国、视死如归的军队，其士兵不仅要忠勇无畏，还要智谋超群,能够将个人生死荣辱置之度外。在贞观英雄中,有一位并未列入凌烟阁,但却被李世民铭刻在心的无名英雄,这就是牧马奴出身的将军范鑫。

前文曾介绍过范鑫,武德九年八月,为了解除长安之危,范鑫提出了纳贡退敌兵的建议。李世民也认为只有采取这种"攻心"的办法才能退敌,于是派范鑫为使,促成了长安城下的便桥之盟,为大唐换得了喘息的机会。

李世民命范鑫到边地绥州任刺史,临行,他拉着范鑫的手说:"你在朕的心里是个大功臣,你在云中、马邑和胡寇打过多年交道,如果在绥州再待一阵子,该可以想出一个破解颉利铁骑的法子了吧?"范鑫跪拜在地说:"臣一定会记住您的嘱托的。"

三年过后,颉利五万余人进攻绥州,颉利的目标是"在那里与李世民下一盘大棋"。绥州的守将正是范鑫。在敌人合围之前,范鑫已派出快马,将敌情火速报告长安。绥州的守军只有五千人,已与突利苦战了五天,损失惨重。朝廷派了三路人马计十五万大军日夜兼程向绥州赶来。范鑫在城头,发现敌人攻城后突然全军折回,停止了进攻。他判断敌人的意图是将绥州作为诱饵,准备设伏诱歼那十多万援军,这对大唐无疑是一场灭顶之灾。范鑫写了密信,但是绥州城已被围成铁桶一般,信无法送出,于是范鑫决心,"必须设法阻止援军继续前进!以避开颉利的陷阱"。约四更时分,范鑫命东门守军开门与敌军交战,颉利的儿子率军围堵,双方一交手,冲出来的唐军就后退了。阿史那骑兵一拥而入,把绥州城攻破了,绥州城里顿时乱成一片。焚城的烈焰把天空染红,探马见到绥州城的火光后,前来援助绥州的唐军停止了前进。此时唐军的先头部队遇到了颉利骑兵的突袭,他们拼死力战,才掩护全军脱离了陷阱。

范鑫抱定死志,以破城的火光报警,阻止了唐军陷入颉利布下的陷阱。颉利俘获了绥州三万民众,但十分惋惜,于是他另生一计:将被俘的范鑫放出,让范鑫带信回长安,提出释放民众的苛刻条件,用意是激怒李世民与之决战。范鑫到长安后,被关进了大理寺的死牢。按照唐律,刺史丢了城池必是死罪。范鑫在牢房里,割破手指,写成了《平胡十策》。李世民得知范鑫破城是为了报警,救了大唐的十万援军后,十分感动,亲自到监狱看望范鑫,决定赦其无罪。范鑫跪见皇上,献上自己的血书——《平胡十策》。李世民说："难得你这片忠心，到了这大理寺监狱里还记得朕三年前交你办的这件事。"见到李世民满意的笑容，范鑫不愿意因自己而废了法度，遂服毒自尽了。

李世民看着范鑫的十道遗策说，前九道都只有一个"忍"字，这是在告诉朕，凡事一定要忍，因为我军目前的战斗力远逊于胡人。敌人在绥州城下屯兵二十万，都是精锐铁骑，我们切不可意气用事。人民盼望的是一支能打胜仗的王师，为了这最后的胜利，我大唐必须要有超凡的坚韧意志，等国力和军力准备到足以战胜对手时再思雪耻。这第十条遗策，就是在条件具备时，偷袭阴山，出奇制胜。这也与李世民、李靖的想法不谋而合。飞虎军出征之时，李世民将范鑫的《平胡十策》拿给李靖看，李靖深感失去了多么难得的一员战将。

有勇有谋、能屈能伸的无敌战将，是成就贞观事业的重要因素。

范鑫的使命使我们想到了现代管理学研究中的一个重要命题——"执行力是企业成败的关键"。美国学者保罗·托马斯在《执行力》一书的序言中指出："每位主管和企业必须拥有'执行力'，这才是企业能够持续成功的关键性因素。""执行力不强是全世界企业界乃至政府职能部门共同存在的问题。执行不力是所有企业当前面临的最大问题。而企业要想在激烈的市场竞争中生存和发展，关键取决于它的执行力。"① 保罗·托马斯同时提出了提高组织执行力的 5 大法则，即组织结构法则、人力资源法则、战略运营法则、团队建设法则、企业文化法则。

范鑫将军的故事使我们看到了今天所说的"执行力"的影子，它给予我们的启示是：范鑫的智勇和他对国家利益的忠诚，是他主动完美地完成任务的基础。换句话说，范鑫忠于国家的价值观念和献身精神，是他的"执行力"的灵魂。这与上述的"企业文化法则"是相通的。

---

① [美] 保罗·托马斯等：《执行力》，白山译，北京，中国长安出版社，2003。

5 因势利导，善待功臣

"飞鸟尽，良弓藏；狡兔死，走狗烹。"这是刘邦平定天下之后，大将韩信被杀前所发出的哀怨。在中国的历史上，宋太祖赵匡胤"杯酒释兵权"，既解除了功臣的兵权，又用高官厚禄安定了功臣的心，没有重蹈汉高祖杀功臣的覆辙，留下了善待功臣的佳话。李世民本身是战将出身，深知握有兵权的战将、功臣在朝中的作用，也深知若忽视战将们在胜利后的骄纵，将是新的战乱之源，因此他有自己独特的御将之术。

李世民卧薪尝胆、艰苦备战三年，调动全国的人力、物力、财力，终于在贞观四年，彻底打败了颉利可汗，实现了北方边境的安宁。战后的国家百废待兴，李世民首先采取并省官员的措施，同时帮助胡人内迁，组织打井抗旱，安定百姓，改善民生。这些工作都陆续取得了成效，国家由战时状态转向内部治理与建设，偃武修文，以静治天下。这既是国家的一项重大的战略转移，也使军队建设面临着新的考验。

北部边境安定，大批军队开始撤回并陆续云集长安。按照府兵制的惯例，全军到齐后就要散尽，兵员归府，将军归朝。大将军李靖被皇上召回，入尚书省作了右仆射，实际是解除了这位大帅的兵权。北伐大军由副帅李勣统领，回到长安，皇上要在太极殿犒赏诸将。

这时，李勣回到大营，他遇到了一个难题：朝中的一位元勋，金河军行军总管柴绍，正领着一群将军在等着他，要他在一份联名奏章上签名。李勣看到奏章后暗自吃惊：奏章的内容是请求皇帝在归来诸军中征募精壮，仿飞虎军建制，保留五六万人转为募兵。这实质上是想让皇上实行募兵之法。李勣知道，这弄不好要出大事，因为募兵可以不散，将领就可以不归。**诸将是想替自己谋一条出路**，但却忘了，向皇上争兵权可是为将之大忌，此招如同玩火。李勣借口自己刚喝醉了酒，待清醒些再看。进了内帐，李勣速写了一道给皇帝的密章，告诉诸将的密谋，并表明自己持反对的态度，是迫不得已才署名。因为如果不这样做，诸将会把他排斥在外，再也不会听从他的号令，他将无法再替皇上办事了。李世民看了密章以后，决定**先发制人**以对之。

众臣和凯旋的诸将在太极殿恭候皇帝驾临。宴会伊始，李世民首先敬上三杯酒：第一杯敬天；第二杯敬战死沙场的将士；第三杯敬百官群臣。酒过三巡，柴绍拉着李勣的手，诸将从座位上站起，正要向前呈递奏章，李世民先声夺人地喊道："懋功（李勣的字）啊，你们几位将军过来！仗打完了，按照朝廷府兵制的制度，理该将归于朝，兵散于府。可是**朕希望留下军中精锐，扩充一些募兵**。朕已有一些思路，你和柴绍他们过几日进宫来共商如何？"房玄龄接过话来："皇上很关心诸将，诸将想到的皇上想到了；诸将没想到的，皇上也替你们想到了！"李勣和柴绍等略一迟疑，只好低头应道："臣遵旨。"宴会上演《秦王破阵乐》，李世民接着说："今儿个是庆功之宴，你们打了这么久的仗，该好好乐乐，朕又扯到国事上去了。朕给自己下一道旨，今天不准再提国事，奏乐！避席赏舞吧！"诸将只好散开，此事不了了之。李世民心中暗自舒了一口气。

李世民在宴会上称实行募兵之法，是把诸将的心情先表达了，免得引起诸将的不满，但要实施，朝廷确实有诸多困难。李世民的办法是再找一张替自己说话的嘴。岑文本看透了皇帝的心思，策划替魏王李泰起草了一道奏章——《论扩充募兵不可行》，指出北伐是大唐帝国勒紧裤腰带打赢的一场战争，天下财力几乎为此馨尽。现在北方已平，正需与民休息，募兵之法，断不可行。

李世民召见参政议政的重臣和几位重要将领，讨论李泰的奏章。文臣赞同，武将反对，各方辩论激烈，情绪激动。李世民只好暂停这场争论，他对反对行募兵之法的文臣道："朕行募兵之法的本意是要对得起这些将军们。朕也是将军出身，知道一个真正的将军最难舍弃的就是战鼓之声。北伐之役打得这么苦，现在如果依照典制让府兵们都归了府，那么多将军就只能离开军营，朕于心何忍？朕替诸将向你们求个情，没有钱，想办法挤出些钱，能保住一杆军旗就是一杆军旗，不能让众将们寒心呀！"众将感动万分。李世民又把李泰训了一顿，说他身为皇子却不安分守己，妄议朝政，令其回府反躬自省。最后李世民下诏，把李泰这份奏疏刊印一千份给所有六品以上文武官员，让百官看看李泰究竟错在哪里？这是李世民的明批暗扬之策，让众官了解行募兵之害。

定襄回来的府兵一时没有散去，朝中户部一时拿不出足够的粮食，李世民决定下令提前征取半年租粮以应急。这遭到了魏征的反对，遂改为只征二成。半个月后，李世民特地召已任右仆射的李靖一同到畿县微服私访。看到草长地荒，妇孺哭喊，家中无粮，官差逼民运粮之惨景，李世民十分难过，他对李靖说："朕知道大兵之后必有荒年，可没有想到百姓的日子会苦到这种程度，说明朕在渎职呀！"回到长安，李世民难过得三天都吃不下饭，还传来了因提前征收租粮，百姓不满，泽州晋城发生了民变，砸了县衙的事件。李靖见状，恳请皇上说："事情到了这个地步，**臣请您马上下旨罢募兵之议**，让府兵们尽速还乡务本吧。"李靖同时说："臣愿意去说服众将，告诉他们皇上您已经尽力了！为了天下苍生，请准臣之所议吧！"**李世民等的就是这句话**。他抓住李靖的手说："靖兄如此为民着想，就照卿的意思办吧！"

李世民转过脸对群臣说："不过，这么多将领为朝廷流血牺牲，朝廷还是要想一些别的办法厚待他们，朕看有两个法子可行：一是在十六卫中裁汰老弱，腾出三百个领兵的位置给他们；二是在关中增加二十个军府，设官不设兵，统领为折冲都尉，均为四品，负责训练府兵和屯田。这样一来，北伐归来的众将都可以留下来替朕练兵了。保下了军旗鼓仗，将来一旦有战事，还可以领兵出征。眼下国家困难，也只能做到这一步。这件事就由靖兄来主持吧，朕让侯君集辅助你。"李靖万分感动，说："臣替诸将谢过圣主！"

李世民耐心地做凯旋将士的思想工作，最终使募兵之议得到妥善处理，这是一个成功的案例。用现在的观点来看，这如同处理改革与稳定的关系；从事情发生的时机来看，这如同是一个突发事件。本来是要开一个庆功会，但如果处理不好，很可能会适得其反，引起内乱。下面试从李世民御将艺术的角度，作以下分析：

第一，**抓住本质，听清弦外音**。将军们建议保留精锐，扩充募兵，理由是效仿飞虎军，保留唐军的战斗力。这个办法是有一定道理的。但当时战争已经结束，将军们的弦外之音是想给自己找一条出路：不打仗了，做什么？

第二，**稳住情绪，顺势而为，不能站在功臣们的对立面**。李世民是先发制人，明知不可为而为之，不等将军们发言，自己就提出了打算扩充募兵的想法，说出了将军们的心声，令将军们感动，目的是不能让浴血奋战的将军们心寒。处理这一问题的关键是态度，要忍耐，沟通，不伤感情。感情同，则万事通。

第三，**以大臣谏诤的方式，讨论募兵制能否实行，统一认识**。具体表现是：大臣们向皇帝谏言，说明利弊，在平等的气氛中交流思想并统一认识；用事实感动将军，使之体谅朝廷的难处，主动收回自己的建议，而不是批评将军们的意图。最终，李世民巧妙地将危机化于无形之中。

第四，**关注将军们的实际利益，尽力而为，各得其所**。李世民采取"给出路"的政策，区分不同的情况，有的裁编，有的扩充或保留部分军队官职，使将军们生活无忧，各得其所。

打败颉利之后，国家的重点由战时状态转为恢复经济和安定民生。这种战略转移也是一种改革，是合乎国情的正确决策。府兵归府，已有惯例，但如何安排好舍生入死、为国献身的将军们，是一个历史遗留的难题，是关系到社会稳定的大事。李世民的做法是：因势利导，善待功臣，妥善处理战略转移后的善后事宜，从而既保留了精锐骨干，又安定了朝局。这种沉稳、高明之举，对于我们今天实事求是地处理改革与稳定的关系，依然有着重要的启示作用。

6 文武兼备，和平发展，常备不懈

唐太宗深知，"马（背）上"可以得天下，但"马上"不能治天下。

自古便有武能定国，文能兴邦之说。所以，李世民在《帝范》中说："夫功成设乐，治定制礼。礼乐之兴，以儒为本。"意思是说，战争结束，边患消除，开始治理国家的时期，就不能只用军事的办法了。对敌用武，治国靠文。在重视武备的同时，要积极崇尚儒学，发展教育，弘扬礼乐文化，引领社会风尚。

和平环境是国家发展、黎民安康的保证。和平环境要有后盾，就是说要有强大的军队，军队常备不懈，国家才能长期安定。历史的经验告诉我们：安不能忘危。在弱肉强食的社会，弱国无立身之地，也无外交可言。一个强大的国家，要有经济实力、政治实力，也要有军事实力、科技实力。国家的强盛离不开军队。军队强大，对内可以惩戒贼子，防止内乱，维护社会安定，保障民生；对外可以抵御强敌，克敌于国门之外，使敌人不能有非分之想。军队的这两种职能在现代依然存在，只是具体环境不同，内容不同罢了。

盛世更需修武，这是李世民治国的一条原则。李世民主张居安思危。孟子说："生于忧患，死于安乐。"（见《孟子·告子章句下》）意思是说，忧患中能够得以生存，是因为勇于正视压力，常备不懈；安乐中却会遭到毁灭，其根源在于解除了思想上的武装。太平的世道本来就容易让人忽视武备，以为和平可以长久，对敌人的侵扰丧失戒备之心；而武备一旦废败，短期内是无法恢复的，若临战事，百姓"不教而战"，必然将使生灵涂炭，国破家亡。所以，太平盛世更不可忽视武备。

贞观十三年，塞北的真珠可汗夷男聚集了二十万精兵，准备南下收服故地。他分析唐朝虽然国运日昌，风调雨顺，但是十年的和平环境，当年能战之将多已老迈作古，朝中太子与魏王的储位之争，大臣分别依附两派，明争暗斗，"一旦我军长驱直入，这个貌似强大的帝国必起内乱，我军必胜"。高昌王麴文泰表面臣服大唐，实欲联合夷男反唐，他认为："唐朝的子民锦衣玉食多年，都不想死，只怕已经打不了仗了！这个国家虽大，不过是一只等着我们去宰的肥羊。"麴文泰在高昌起兵反唐，阻隔了西域与长安的商道，还捕杀了多名唐朝官吏。边报从凉州发到了长安。

李世民召来重臣商量对策。有的说："往高昌行经沙漠，万里用兵，恐难得志，不可轻易动兵。"李靖从军事角度说："因路途遥远，征伐高昌确有许多困难，请皇上慎处。"魏征从治国方略的角度说："国家抚远以安边，十年来颇见成效，对高昌也宜抚之。"这是不同意用武的主张。李世民看着地图沉吟半晌，突然说："不行，这一仗必须打，高昌扼西域到长安的咽喉要道，如果任麹文泰猖獗下去，等于让人卡住了大唐的脖子！麹文泰其人反复无常，先臣于隋，又臣于阿史那氏，朝三暮四。对于这么一只撼树的蚍蜉，如果听之任之，西域诸部有异心者只怕要起而效之，那将是一场雪崩呀。据此两条，我朝无论付出多大代价，也要打这一仗！"在议论中，岑文本说："如今国家富了，百姓生活殷实了，子弟们只怕就不一定愿意效死了！"李世民说："那就更应该打这一仗了！大唐殷富靠的是偃武修文，但这并不是说不武独文。这次是敌人打上门来的，绝没有退让的道理！朕决定由侯君集出任交河道行军大总管，平定高昌。"

远征高昌是唐军开国以来最艰苦的一仗。西征大军在凉州以西七百里的山谷地带遭遇洪水，栈道被冲毁，只有马不能行的小路可走；往前又是五百里的沙漠，缺水少粮。李世民动员各州全力支持这次西征。侯君集率领先头部队两万人前行，快到田城时，兵力已不足八千人。侯君集说服众将，兵在精而不在多，兵贵神速。主帅一声令下，西征大军连续奔袭二百里，一举攻下了高昌，并连着攻下了二十二座城池。麹文泰听到唐军从天而降，当即就吓死在龙榻上。

远征高昌的胜利，体现了唐军的常备不懈、不屈不挠及以献身沙场为荣的坚强意志，代表的是一种安不忘危、有备无患的远见智慧和一种同仇敌忾、舍身报国的民族精神，必将激励社会的各个阶层奋发图强。武备齐整，则"诸侯听命，蛮夷宾服"；警钟长鸣，常备不懈，则民族精神永存。从这个意义上说，尚武本身也是崇文，尚武更重要的是锤炼战无不胜的民族精神，培育报国献身的民族之魂。

李世民提倡尚武，同时更重视崇文。武以定国，文以安邦；乱世阅武，治世崇文。文治武功是巩固政权的两种手段，任何明智的君王都会两者兼备，而不会舍弃其一。和平与发展，离不开武备，更离不开文治。这里的"文"是相对于军事、武备而言的，是指"教育"和"文化知识"，包括理想道德观念，尤其是儒家的忠孝礼义观念。李世民说："宏风导俗，莫尚于文；敷教训人，莫善于学。"意思是说，弘扬良好的社会风气，引导积极的民间习俗，没有比传播礼乐等文化知识更好的办法了；颁布推行政令，规范人们的行为，没有比设置学校更好的举措了。文化是软实力，是胜过武力、蛮力的"上智"之道。这种强调文化建设的观点对后世有很大的指导意义。重视教育和思想工作，重视文化和精神文明，对国家是如此，对企业也是如此。

人类社会的发展，是物质生产力的发展，终究也归结到文明的发展和文化的进步。文化本身是联结国民的精神纽带，是人们内心所追求的精神境界。文化建设始于教育。教育既是为了培养贤能之人，也是为了人们进德修业；既是文化精神的传承，也是民众对先进制度规范的内化。若忽视了社会教育，就会导致国家人才匮乏，民风败落，社会混乱。领导者作为群众的领路人，应是民众的楷模。正己才能正人，因此领导者应该先受教育。如果忽视对领导者的教育，不仅会使其执政无力，甚至会使其由民之公仆蜕变成为民之公贼。因此，国家是兴盛还是衰败，社会是安定还是动荡，从某种意义上说，是体现在教育的成败之中的。所以，李世民总结说："文武二途，舍一不可，与时优劣，各有其宜。武士儒人，焉可废也。"贞观之后，大唐的教育与文化也达到了一个历史时期的高峰，长安成为当时世界经济文化的中心。

7 兵法之一：奇正相生，虚实并用

兵法，古代指用兵作战的策略和方法。李世民是政治家，也是军事家，他自幼就熟谙兵法。自古谋权者，以正守国，以奇用兵，先计而后战。李世民自然也是这样。他一生将近一半的时间是在马背上度过的，如果没有军事征战的胜利，也就没有贞观的天下。李世民18岁随父起兵，少年即通古代兵法，其用兵的智慧是其开创大唐基业的宝贵经验。但是，李世民的兵法在史书上没有专门记载。李世民的用兵智慧被后人收录在《唐太宗李卫公问对》之中。

《唐太宗李卫公问对》是李世民与大将军李靖讨论兵法的言论辑录。

经宋人考证，《唐太宗李卫公问对》在内容上不同于《李靖兵法》，是宋代的阮逸所著，阮逸与李靖生活年代相隔约500年。但《唐太宗李卫公问对》所探讨的奇正相生、虚实变化，以及点评历史重大战役的得失，都入情入理，虽借唐太宗、李靖之口，但确实反映了李世民因敌制胜，不把兵书看成僵死的教条，并结合实际发展了孙子的军事思想的情况。此书后被宋神宗列入《武经七书》之中，立于官学，在中国的军事学术上占有重要地位，也成为了解与研究唐太宗兵法的一个重要依据。

唐太宗与李靖讨论的兵法，所涉及的古代兵法主要有《孙子兵法》《司马法》《吴子兵法》，以及黄帝的兵法《握奇文》等，包含了治国、选将、指挥用兵等方面的战略战术。

《唐太宗李卫公问对》卷上：关于奇正，阐述随机应变、出奇制胜的问题。

奇正，即古时作战的战法，一般说作战的常法为正，变法为奇。孙子说："三军之众，可使必受敌而无败者，奇正是也。"这是说奇正是战法。孙子又说："战势不过奇正，奇正之变，不可胜穷也。奇正相生，如循环之无端。"（见《孙子兵法·势》）可见，奇正战法的灵魂是"变"，作战指挥中要掌握奇正之变，也就是随机应变、出奇制胜的问题。

唐太宗与李靖讨论兵法，谈得最多的是奇正问题。李世民战胜隋将宋老生的战例于本章第一小节已经述及。隋朝霍邑的守将宋老生背城列阵，可谓是正法。李渊率建成部署在宋军东面，李世民率柴绍部署在宋军南面；宋军与李渊、建成所部刚刚交锋，建成落马，宋军乘机进击，李渊引兵后退；同时李世民亲率精锐骑兵，自南向北疾驰而下，冲进宋军大营，宋军大乱，宋老生被擒斩。李世民进攻，用的是奇法。唐太宗问："朕破宋老生，初交锋，义师少却。朕亲以铁骑自南原驰下，横突之，老生兵断后，大溃，遂擒之。此正兵乎，奇兵乎？"李靖回答："陛下天纵圣武，非学而能。臣按兵法，自黄帝以来，先正而后奇，先仁义而后权谲。且霍邑之战，师以义举者，正也；建成坠马，右军少却者，奇也。"

北伐颉利的定襄战役，李靖部署大军从东面和正面猛攻定襄，双方相持不下；李靖亲率三千名飞虎军，越过阴山，从背后突袭颉利中军大营，突厥大败，颉利被擒。李靖说："臣讨突厥，西行数千里，若非正兵，安能致远？"这也是"以正合，以奇胜"的案例。所以，李靖说：若非正兵变为奇，奇兵变为正，则安能胜哉？故**善用兵者，奇正在人而已**。变而神之，所以推乎天也。"

唐太宗说："吾之正，使敌视以为奇；吾之奇，使敌视以为正。斯所谓'形人'者欤？以奇为正，以正为奇，变化莫测。斯所谓'无形'者欤？"李靖说："善用兵者，无不正，无不奇，使敌莫测。故正亦胜，奇亦胜。"李靖又说："孙武所谓'形人而我无形'（用各种假象欺骗敌军，调动敌人，谓之'形人'；同时又不使敌军察知我方的真实情况，谓之'我无形'），此乃奇正之极致。"在战法上，只有奇正相生，变化莫测，才能调动敌人，取得战场上的主动权。

平时训练分奇正，也就是"分合为变"，那只是练兵之法；在战场上，灵活运用奇正之法，临时制变，那是没有穷尽的。正兵，受命于君主；奇兵，则出自于将帅的调遣。平时严格训练士兵，做到令行禁止，而战时则由将帅相机行事。将帅要做到随机应变、出奇制胜，不仅要具有智谋，更要有把握战机的胆略。

8 兵法之二：避实就虚，力争主动

《唐太宗李卫公问对》卷中：关于虚实，阐述避实就虚、力争主动权的问题。

唐太宗说：**"朕观诸兵书，无出孙武。孙武十三篇，无出虚实。夫用兵，识虚实之势，则无不胜焉。"**唐太宗将"识虚实之势"看做战争制胜的关键。

战争，说到底是交战双方综合实力的较量，不仅有军事实力，还有政治实力、经济实力等。孙子认为，预测战争的胜负，主要从"道、天、地、将、法"这五个方面综合进行比较分析，谁占有优势，谁就容易取得胜利。但对于具体的战役、战斗而言，则强调的是对这些实力的运用，尤其是指挥员的指挥调度与灵活运用能力，谁的指挥恰当并且造成了局部的优势，谁就容易取得战场的主动权，取得胜利。

现在我们来说"虚实"。"虚实"，直译为虚空与充实。本文的"虚实"主要指描述军情的术语，形容军队实力的强弱。强者为实，弱者为虚；强处为实，弱处为虚。《吴子·料敌》中说："用兵必须**审敌虚实而趋其危**。"意思是说，选择敌人的薄弱之处下手攻击。《孙子兵法》的"势篇"也说："兵之所加，如**以碫投卵者，虚实是也**。"意思是说，用兵就是要以石击卵，才能胜利。如果选错了地方，成为以卵击石，那就是自取灭亡。兵书《草庐经略·虚实》也说："虚实之势，兵家不免。善兵者，必使我常实而不虚，然后以我之实，击彼之虚，如破竹压卵，无不摧矣。"也就是说，"以我之实，击彼之虚"就可以无坚不摧，"使我常实而不虚"，不给别人以可乘之机，这就是研究"虚实"的目的。

"识虚实之势"就是判断作战双方何者被动、何者主动的问题。毛泽东在《论持久战》中说，军队行动的自由权，是军队的命脉。失去了行动自由，军队就接近于被打败或被消灭。为此缘故，战争的双方，都力争主动，力避被动。毛泽东还说："主动是和战争力量的优势不能分离的，而被动则和战争力量的劣势分不开。战争力量的优势或劣势，是主动或被动的客观基础。"虚者处于劣势，易被动；实者处于优势，易主动。避实击虚，以己之实击彼之虚，才能赢得战争胜利的主动权。

如此说来，"识虚实之势"，至少应包括三重意思：一是**自身实力的储备**，这是基础。李世民谈到了兵员的数量、训练、素质、士气；军队的编制、兵种（步兵和骑兵）的配置和使用、阵法阵形的创新；兵器的配备、粮食的储备；将帅的谋略和指挥才能、军队的管理。二是**对敌方虚实的识别**。了解敌情，利用各种侦察手段，以了解敌人的优势劣势或长处短处，同时与自己的情况进行对比，达到知己知彼。三是**战争指挥艺术，虚实变幻**。如集中兵力，可以变虚为实；调动敌人，可以改变实力对比；变客为主，"因粮于敌"；"兵贵速，不贵久"；准确选择目标，达到"致人而不致于人"的目的。

李世民很强调处理好奇正与虚实的关系。他说："'策之而知得失之计，作之而知动静之理，形之而知死生之地，角之而知有余不足之处。'此则奇正在我，虚实在敌欤？"李世民对李靖说，今诸将中，知道要避实击虚，可是一旦使其临敌，却无法识别敌人虚实之势，这样就不能制服敌人，而反有被敌人所制服的可能。你能否解释一下虚实的精义是什么呢？

李靖说，目前的教育，只是教了奇正相变之术，告诉诸将虚实之形态而已，但他们还不会应用。实际上，"诸将多不知以奇为正，以正为奇"的道理，不能识破"敌方虚是实，实是虚"的布局。我方变化奇正战法，就是为了察明和对付敌军虚实的。"敌实，则我必以正；敌虚，则我必以奇。"所以，"千章万句，不出乎'致人而不致于人'而已。"也就是说，一切都是为了争取战争的主动权，要想办法迷惑、调动敌人，而不能被敌人所迷惑、所调动，"识虚实之势"的精义就在这里。

"知虚实之势"，就是要多动脑筋，依据情况，虚实并用，奇正相生，避免被动，力争主动。

李世民在与颉利作战的过程中，就是因为坚持"识虚实之势"而转危为安、转败为胜的。当年颉利二十万铁骑集聚在长安城下，而长安守军不足三万，被动固守必败无疑。李世民知道敌兵虽众，但人心不齐，这是颉利的实中之虚；己方人虽少，但救亡图存，人心凝聚，这是虚中之实。于是李世民采取"敌攻我城,我攻敌心"的策略:一方面乘夜幕出奇兵重创敌人,全城备战,遍插旌旗,使颉利不知唐军虚实,不敢轻举冒进;另一方面派使者纳贡议和,"利而诱之",拿出长安国库的全部财宝,颉利部将见到财宝就动摇了攻城的决心,结果达成了便桥之盟。颉利退兵,从而为大唐赢得了喘息的机会。

知耻而后勇。李世民卧薪尝胆三年,针对自己之虚,抓紧时间备战:息兵安民,发展生产,使国库丰盈,社会安定;购买良马,发展骑兵,密训飞虎军,激励民众复仇雪耻;积聚了足够的兵马和粮草,利用北方草原连年干旱之机,出师北伐。最终李世民一举打败颉利,百年的边患从此解除。

9 兵法之三:兵者诡道,知彼知己

《唐太宗李卫公问对》卷下:论述战争的目的与作战的原则。

以战止战,以仁为本,就是战争的目的;兵者诡道,知彼知己,就是作战取胜的原则。这是中国古代兵法的本质特征。

李世民研究兵法与一般军事家不同,他不仅注意战争取胜的手段、谋略,更了解战争胜利的目的,在于制止战争,维护和平。《孙子兵法》和《司马法》都渗透着这一"以战止战"的战略思想。李世民从以仁治国、尚武保民的目标出发,研究战争的本质和规律,为创建开放、包容的大唐盛世服务。

《司马法》开始编写是在《孙子兵法》之前,包含有西周以前的军事思想，但《司马法》成书是在《孙子兵法》之后，是在战国中期。《司马法》开篇为"仁本"，即以仁为本。孔子说过，仁者爱人。统治者要以仁为本，含有爱民意识。《司马法》从仁政的目标出发，研究战争与政治的关系，认为通常政治手段达不到目的时，就会出现战争。尽管"兵者，凶器也"（见《老子》），但战事也有安人与害人之分，就如同我们今天所说的战争有正义与非正义之分。《司马法》说："杀人安人，杀之可也；攻其国，爱其民，攻之可也；以战止战，虽战可也。""战道：不违时（指农时），不历民病，所以爱吾民也；不加丧，不因凶，所以爱夫其民也；冬夏不兴师，所以兼爱其民也。故国虽大，好战必亡；天下虽安，忘战必危。"天下即使安定，也不要忘记战争。这是一种以仁为本，备战慎战的战争观。这种战争观为历代主张以德治国的开明君主所遵从。

唐太宗与李靖讨论攻守问题时说："《司马法》言：'国虽大，好战必亡；天下虽安，忘战必危。'此亦**攻守一道**乎？""攻守一道"就是说，进攻与防守是相统一的，守则保存自己，攻则消灭敌人，或攻或守，都要统一在保国安民的目的之上。

从"保国安民"的目标出发，唐太宗与李靖对兵法中指挥作战的重要原则提出了许多独到的见解，丰富了古代兵法的宝库。

关于"兵者诡道"和"兵以诈立"。这是孙子首先提出的用兵规律。唐太宗说："兵有分有聚，各贵适宜。"唐太宗又说："朕观千章万句，不出乎'**多方以误之**'一句而已。"这是李世民对"兵者诡道"的注释。孙子说："故能而示之不能，用而示之不用，近而示之远，远而示之近。利而诱之，乱而取之，实而备之，强而避之，怒而挠之，卑而骄之，佚而劳之，亲而离之。攻其无备，出其不意。此兵家之胜，不可先传也。"（见《孙子兵法·计》）这就是诡道十二法，核心就是创造条件使敌人犯错误，也就是"误敌"。李靖赞成李世民的看法，说："大凡用兵，若敌人不误，则我师安能克哉？譬如弈棋，两敌均焉，一着或失，竟莫能救。是古今胜败，率由一误而已，况多失者乎！"简言之，"兵者诡道"的目的是使敌人犯错误，"多方以误之"。这也是"知彼知己"原则的妙用，只有"知彼知己"，才能使"多方误敌"见成效。

关于进攻和防守。这是战争进行的基本形式。唐太宗提出"攻守一法"

的主张，他说："攻守二事，其实一法欤？《孙子》言：'善攻者，敌不知其所守；善守者，敌不知其所攻。'"孙子之言的意思是，善于进攻的部队，总能乘敌之隙，攻敌之弱，使敌人防不胜防，守不胜守；善于防守的部队，总能扼险据要，慎防密备，使敌人无隙可乘，无懈可击。据此唐太宗认为，进攻和防守虽然是两件事，但其中的用兵之道是统一的，不能出现攻与守截然分开的情况。李靖赞同李世民的看法，他说："臣按《孙子》云：'不可胜者，守也；可胜者，攻也。'"这是针对敌情选择战机而言的，"谓敌未可胜，则我且自守；待敌可胜，则攻之尔"。这里不是以强弱为辞，而是针对把握战机而言的。唐太宗进一步说："殊不知守之法，要在示敌以不足；攻之法，要在示敌以有余也。示敌以不足，则敌必来攻，此是敌不知其所攻者也；示敌以有余，则敌必自守，此是敌不知其所守者也。"李世民强调"**攻守一法**"，就是进攻和防守的用兵之道是统一的。"攻守者，一而已矣；得一者，百战百胜。"其统一之处，就是孙子所说的"知彼知己，百战不殆"。李靖进一步解释说："攻是守之机（转化），守是攻之策（手段）。**同归乎胜而已矣。**"如果进攻中不知防守，防守中不知进攻，将攻守割裂分开，那就是未知《孙子兵法》《吴子兵法》所思之妙呀。

关于"知彼知己，百战不殆"。这是《孙子兵法》揭示的战争规律，用毛泽东的话说，这是一个真理。根据唐朝面临的情况，为解决颉利的边患问题，李世民把"**知彼知己**"的核心定位在"**知心**"，就是要了解彼此军队的士气、战斗意志，以及将军的谋略与才能。李靖说："夫攻者，不止攻其城、击其阵而已，必有攻其心之术焉；守者，不止完其壁、坚其阵而已，必有守吾气而待焉。大而言之，为君之道；小而言之，为将之法。夫**攻其心者，所谓知彼者也；守吾气者，所谓知己者也。**"唐太宗说："诚哉！朕尝临阵，先料敌之心与己之心孰审（缜密、周全），然后彼可得而知焉；察敌之气与己之气孰治，然后我可得而知焉。是以知彼知己，兵家大要。"李世民将"知彼知己"与"上兵伐谋"的规律相结合而发展了孙子的用兵思想，成为自己用兵的要诀。

唐太宗说："《孙子》言三军可夺气之法：'朝气锐，昼气堕，暮气归。'善用兵者，避其锐气，击其惰归。"李靖说："用兵之法，必先察吾士众，激吾胜气，乃可以击敌焉。吴起'四机'（气机、地机、事机、力机），以气机为上，无他道也，能使人人自（奋）斗，则其锐莫当。"

唐太宗还说，阴阳术数，只是为稳定军心而采取的策略，是"兵家诡道"的作为，明将不宜效仿，成功在于人事而已。至于君王的御将之术，前面已有叙说。

关于"不战而屈人之兵"。这是兵法之学最为深奥之处。唐太宗说："吾谓不战而屈人之兵者，上也；百战百胜者，中也；深沟高垒以自守者，下也。以是较量，孙武著书，三等皆具焉。"李靖总结古代战例，补充说，此上、中、下三者皆不可少也。李靖指出："故习兵之学，必先由下以及中，由中以及上，则渐而深矣。不然，则垂空言，徒记诵，无足取也。"这是深知用兵之道的肺腑之言。军事抗争是你死我活的较量，必有攻防进退，必有城池得失。以军事实力为后盾，在强大的军事威慑面前，对方才能权衡利弊，才有可能接受"不战而屈"的主张。否则，即使愿望再美好，言辞再感人，也只能是空谈而已。

"不战而屈人之兵，善之善者也。"这是孙子全胜的主张。孙子说，"上兵伐谋"，"故善用兵者，屈人之兵而非战，拔人之城而非攻也……必以全争于天下，故兵不顿而利可全，此谋攻之法也。"（《孙子兵法·谋攻》）这里指出，用兵的最高境界是实现"不战而屈人之兵"，这样用兵的损失最小，而获益最大。

李世民打败颉利后，总结了汉武帝对突厥民族征而不服的教训，吸取了诸葛亮"七擒孟获"的战略思想，为了建设胡汉一体的、开放强盛的大唐，坚持"攻心为上"。"能攻心则反侧自消，从古知兵非好战。"李世民对颉利可汗俘而不杀；对阿史那思摩不计前嫌，使其心归大唐；对百万受灾的胡民百姓，择地让其南迁，教其农作，打井抗旱，使其生活走向安定；对西部边疆的少数民族部落，通过公主外嫁而结盟，通过开放经商口岸加强互利沟通；对亲附大唐的胡人酋长授权自治等。这些措施，使李世民赢得了各民族的拥戴。贞观后期，李世民被称为"天可汗"。由于李世民拥有"胡汉爱如一家"的胸怀，能够设身处地为胡人的生存着想，因此使得大唐争取了几百万民众的心，边患得以消除，实现了和平，也可谓是实现了"不战而屈人之兵"的最高境界。

10 李世民用兵思想对企业经营管理的启示

李世民用兵思想的根源是来自《司马法》《吴子兵法》《孙子兵法》。从《唐太宗与李卫公问对》可见，其内容主要是对《孙子兵法》的要点的讨论与运用。分析李世民的用兵思想对企业经营管理的启示，与探讨《孙子兵法》对企业经营管理的启示是一脉相承的。结合李世民对《孙子兵法》的发展，现择要讨论如下：

第一，**从奇正谈起**。这是主张"出奇制胜"。作战的方法要讲究"奇正变化"和"避实击虚"，以争取战争的胜利。企业经营离不开竞争，人们常比喻为"商战"或"商争"。这与战场上的敌我相争虽然性质不同，但有相似之处：一是目的都是为了战胜对方；二是讲究竞争的方法策略，你变我变，以变制变。因此，企业经营管理也用得着"奇正"之说。孙子有句名言："水因地而制流，兵因敌而制胜。故兵无常势，水无常形；能因敌变化而取胜者，谓之神。"（见《孙子兵法·虚实》）这种随机应变的思想可以启示我们，参与市场竞争必须讲究策略与方法，讲求以智取胜。

第二，**从虚实说起**。作战上讲虚实，是因为交战双方靠的是各自的军事实力、经济实力、国防实力，是综合实力的较量；判断上讲虚实，是为了掌握双方兵力布置的态势，以确定自己的主攻方向。一句话，李世民重视虚实，就是重视实力的准备与兵力的运用，重视人力与人心的对比。将这样的思路引申借鉴到企业经营管理之中，就是要重视企业实力的准备与巧妙运用，明确发展方向，立足固本强基，打好企业发展的基础，努力使企业在竞争中处于主动地位。具体内容包括："修道"，即思想文化的建设，核心价值观的培养，企业精神的凝聚；"保法"，即健全制度，改善管理，令行禁止，管理有序，形成有效的战斗力；"积形"，即人、财、物、技术、信息等企业资源的集聚调配；"蓄势"，即企业核心竞争力的建设。当今时代，企业文化和企业核心竞争力的培育已经成为企业战略管理的新趋势。

第三，从**"知彼知己"说起**。这是运筹决策、指挥作战必须依据的制胜规律。攻防进退，施计用谋，对外开辟有利的环境，对内改善自身的管理等，都离不开"知彼知己"。李世民强调，"知彼知己"的关键在于"知心"，也可以说是"治心"，即重视队伍的士气及人的主观能动性的发挥的问题。在敌强我弱的情势下，通过"攻心""守气"将被动转化为主动，这是朴素的辩证法观点。1938年，毛泽东在《论持久战》中批判"唯武器论"时说："武器是战争的重要因素，但不是决定的因素，决定的因素是人不是物。力量对比不但是军力和经济力的对比，而且是人力和人心的对比。军力和经济力是要人去掌握的。"从李世民到毛泽东，尽管两者相距1 300多年，但两者的认识却如此相通。将"知彼知己"的重点放在"知心"和"治心"上，对于企业经营管理依然有重要的借鉴价值。在今天的市场竞争中，企业之间，竞争对手之间，技术与装备之间的差距越来越小。人的素质、知识等因素的差距却明显增大。这种"知心"和"治心"的谋略，更多的是通过企业文化来体现的，如树立企业的良好信誉、良好服务、良好形象，争取广大顾客的认可与拥戴；谁掌握了舆论，掌握了顾客的心，谁就掌握了占有市场的主动权。至于加强企业思想工作和企业文化建设，对建设过硬的员工队伍更是至关重要的。李世民精心打造飞虎军，其队伍不仅有快马长剑，高超的作战技术，更重要的是有舍身报国、英勇顽强的战斗意志，以及压倒一切敌人、决不向敌人屈服的英雄气概和献身精神。一句话，在技术装备一定的基础上，强的就是人的素质、人的精神。这种智慧，我们今天的企业不是同样在精心运用吗？

后 记

　　帝范贞观烁古今，以人为本盛世魂。

　　治国修业源一道，叶茂枝繁在根深。

　　经过一年半的努力，《读贞观　学管理》终于成书了。

　　本书能忝列"中国人民大学国学院国学与管理"丛书，首先要感谢东北财经大学出版社孙平先生的提议；其次要感谢中国人民大学教授杨先举先生的组织策划，使我有机会将学习《贞观政要》的心得用于企业经营管理这心愿变成现实；同时也要感谢近年来诸多学者对《贞观政要》《帝范》等贞观典籍的研究，给我重新学习这部巨著提供了许多营养。

　　《贞观政要》记录了李世民创建贞观之治的治国经验，它对于渴望中华民族伟大复兴、创建新的盛世的人们，以及渴望借鉴历史创建自己基业长青的企业的人们来说，是一个管理智慧的宝库。我在企业工作时，曾学习了《孙子兵法》，也学习了《贞观政要》，当时关注的重点在于这是一部"帝王学"，在于学习唐太宗的治国方略与领导艺术。今天重新学习《贞观政要》，是受到祖国开创现代化的"盛世"的呼唤，受到我国许多企业"要做大做强"及"建百年基业"的呼唤，再加上杨先举教授的热心指导，使我有信心在《贞观政要》这个宝库中寻觅、探索，将唐太宗开创贞观盛世的管理精华摘取、品味，并结合今天的现实加以分析、思考，最终将片片心得汇集成书。

我已年近七旬，本着"退休离岗不离志""位卑未敢忘忧国"的心愿，重新学习历史，吸取古代的管理智慧，为从事管理工作的朋友们尽一点微薄之力。许多学者认为"公司很像国家"，治国之道与治理企业有许多相同之处。本书在构建和谐进取的组织（企业）文化、确立"以人为本"的核心价值观、完善组织（企业）的管理制度、培育独特的组织（企业）精神等方面若能对管理者有所启发，我将会感到无比幸福。

　　跨时空、跨行业地吸取管理智慧，并将其进行有的放矢的转化，是一件不容易的事情。学然后而知不足。由于自己知识与经验的不足，书中的错误与不当之处在所难免，恭请有关专家、读者朋友赐教指正。

张学信

于北京海淀今日家园信友斋

2012 年 2 月